\1日3分で/

おなかも脚も細くなる

女子のスクワット

SQUAT
for GIRLS

スポーツ&サイエンス代表
坂詰真二 著

日本文芸社

スクワットのみです

はじめに

体脂肪を減らすためには、たくさんのエネルギーを消費する筋肉の量を増やす筋トレが欠かせません。でも、ひと口に筋トレといっても方法は様々。特に筋肉をモリモリつけたい男性と美しいボディラインを求める女性では、それが大きく異なります。せっかく努力をしても、方法を間違えれば、かえって女性らしい美しさを損なうことになりかねません。

そこで本書は「健康で、若々しく、美しい」体を獲得したい女性の皆様向けに限定した最適なメソッドをご紹介することにしました。

やることはたった一つ、『女子のスクワット』のみ。筋肉の多くは下半身に集中しており、女性の場合は全体の約7割を占めます。さらに、年齢とともに最も早く衰えていくのが下半身の筋肉だからです。

女子に必要なトレーニングは、

ただし、本書でご紹介する女子のスクワットは、一般的に知られているスクワットとはフォームが大きく異なります。私がこれまで多くの女性モデルやタレントの皆様に教えてきた、効果をすぐさま実感できるマル秘スクワットなのです。1日3分程度からできる手軽さながら、確実に体脂肪を減らし、おなかを凹ませて脚を細くします。さらにバストとヒップの位置を上げ、O脚を改善し、ボディラインを整える優れもの。おまけに肩こりや便秘、冷えといった女性に多い不調を改善してくれる働きもあるのです。

始めて数週間もすれば基礎代謝が上がって体脂肪が落ちてくるのはもちろん、ボディラインを整える効果に至ってはすぐに実感していただけるはず。しかも、たった一つの筋トレで効果が実感できるから継続でき、続くから効果はよりアップします。このマジックのような女子のスクワット、だまされたと思って早速取り組み、効果を実感してください。

スポーツ&サイエンス　**坂詰　真二**

女性らしいボディラインに！
細くなる究極メソッド

女性らしいボディラインを目指せる究極のメソッドなのです。

「女子のスクワット」

女子のスクワットとは？

スクワットで下半身の筋肉をつけると同時に、ストレッチで正しい姿勢を身につける究極メソッド。体のパーツが本来の位置に戻り、美しく魅力的なメリハリのある体型づくりを実現できる、女性に特化したスクワットです。

1 ウェイブ・スクワットで筋肉を鍛える！

＋

2 ウェイブ・ストレッチで姿勢を整える！

一生リバウンドせず、1日3分でおなかも脚も

「スクワットは脚が太くなる」は大間違い！ おなかも脚も細くなって、

ウェイブ・スクワットのメリット

- 基礎代謝が上がって脂肪が燃える！
- おなかも脚も気になる部位が全部やせる！
- 一生リバウンドしない！
- 血流改善！自分史上最高の体調に！
- たった一種目！時短で鍛えられる！

×

ウェイブ・ストレッチのメリット

- O脚が改善して脚のラインがスッキリする！
- その場でバストが上がる！
- 猫背改善！明るい印象に！
- その場でウエストが細くなる！
- その場でヒップが上がる！

スクワットで
シャル引き出してみた!

女子のスクワットにいざ挑戦！その驚きの即効性をご覧ください！

大分ダイナミックな体型なのでご迷惑かけるかもしれないと思いながらの挑戦です(笑)。
女子のスクワットをやって、
その場で体が変わるって**本当ですか!?**

※バストとヒップはトップ(最大囲)の高さの変化を表しています。

北陽 虻川さんのポテン女子の

番組の企画やプライベートで数多くのダイエットに挑戦してきた北陽・虻川美穂子さんが

やったのはたったこれだけ!

まずはスクワット!

大丈夫ですよ。
足の親指側に
力を入れましょう!

こんな内股で
いいんですか?

次はストレッチ!

こんなにおなかを
伸ばしたことないです～(泣)。

胸を高く引き上げましょう。
素晴らしい!

なんか姿勢が女性アナウンサーみたいになりました!
バストやヒップの位置が上がったのもびっくりですけど、
自分でも身長が伸びたのがわかります!

スゴイ!!

女子のスクワットの 感想を聞いちゃいました！

スクワットとストレッチ、わずか数分のセッションで
驚異のスリーサイズの変化を体感。その感想はいかに？

――今回やってみた感想はいかがでしたか？

虻川　スクワットは学生時代からやってましたけど、今日の内股でやる女子のスクワットにはびっくりしました。あれはどこの筋肉を使ってるんですか？

――主に太ももとお尻です。ただ、足の小指側に体重をかけて行うと、それらの筋肉はあまり使われないんです。

虻川　だから足の親指が重心なんですね。学生時代、私よりスクワットをやってない人の方が軽やかに動いていたのですごく悔しい思いをしてたんです。もしかしたら効いてないスクワットをやってたのかも。

――ストレッチでつくったキレイな姿勢で筋肉を増やせば、メリハリのある体になります。でも虻川さんは、もともとすごくメリハリのついた体ですよね。

虻川　自分でもそう思ってたんですけど、それがうまく表現できてませんでした。今、教えていただいた足の親指に体重をかけて骨盤を立てる座り方をしてるんですけど、とっても内ももに効いてます！

――座り方、すごくキレイです。

虻川　自分は内ももの筋肉がないから座ったときに脚が開いていっちゃうと思ってたんですけど、今全然開いてない。すごくないですか、これ！

――姿勢の違いはすごく大きいです。たった1回でウエストも7cm以上減りましたね。

虻川　太ってると思ってたのは単純に姿勢が悪くて肉が集まってただけ？

――おなかの容積は変わらないので、姿勢を正して内臓の収まりどころをつくってあげれば、おなかは自然と凹みます。

虻川　今、収まってます！　おなかに勝手に力が入ってるし、お尻もだらっとしてないし、でもそんなにキツくない。力の入れどころを変えるだけでこんなに違うんだとわかっただけでもラッキーです。ずっと姿勢が悪いことが悩みでしたけど、これからはメリハリ体型を見せつけていきたいです！

今回挑戦してくれたのは

虻川美穂子さん

あぶかわ・みほこ

▶1974年生まれ。お笑いコンビ、北陽のボケ担当。1児の母。姿勢の悪さにコンプレックスを抱きつつ改善方法が見つからなかったが、今回のセッションで開眼！

誰でも即効で体が激変！

デスクワークをしている一般女性が、女子のスクワットにトライ。
短時間で姿勢が修正され、ご覧の通りの嬉しい変化が見られました。
さあ、次はあなたの番です！

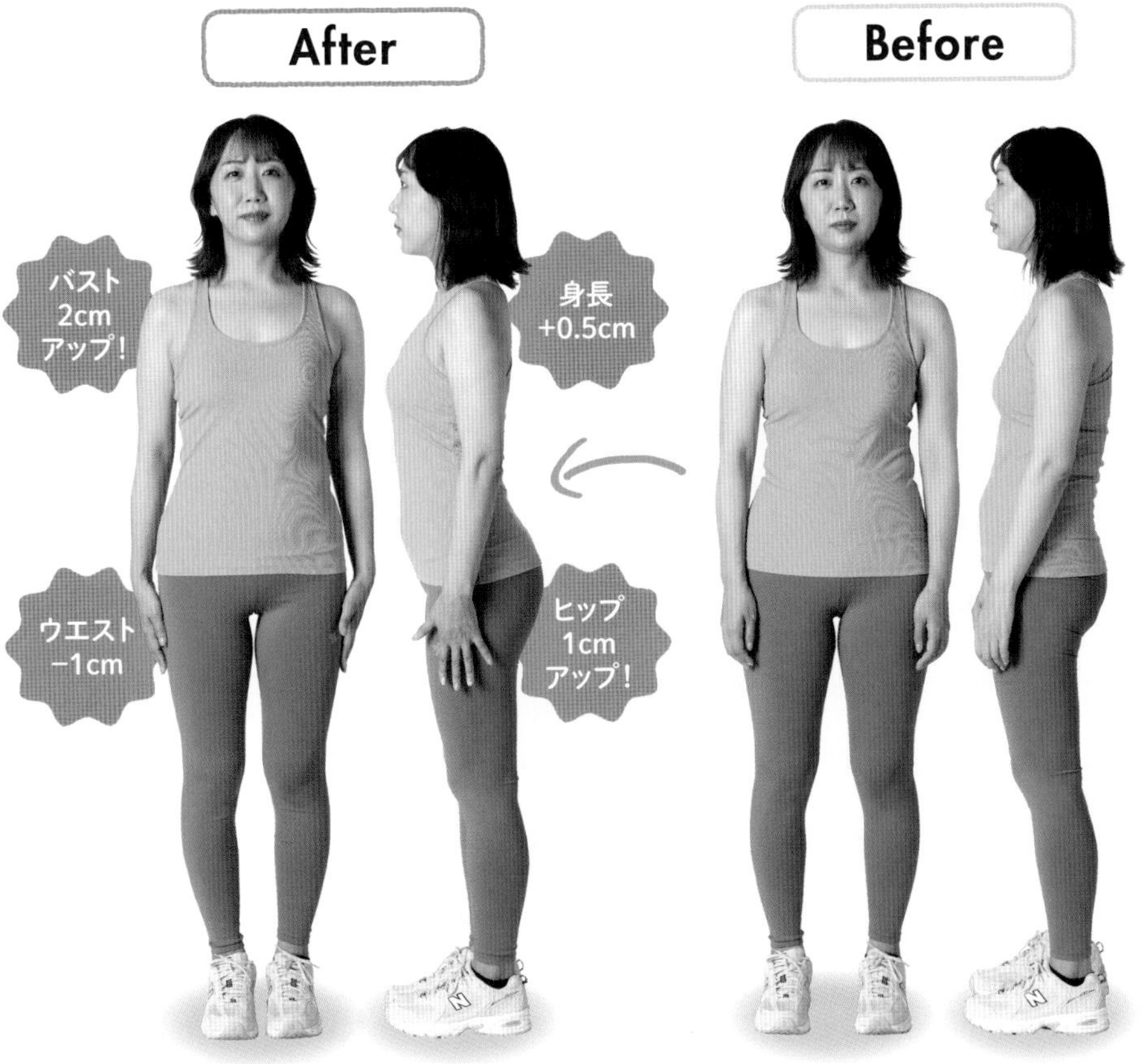

Sさん 30代　デスクワークで崩れた姿勢をもとに戻したいです！

学生時代はチアダンス部で姿勢に気を配っていましたが、社会人になってからすっかり猫背に。そんな姿勢が、短時間で変わって驚きです！ スクワットもストレッチもつらくないし、手軽なのでこれからも続けてメリハリボディを手に入れます！

Contents

2 はじめに

4 一生リバウンドせず、女性らしいボディラインに！
1日3分でおなかも脚も細くなる究極メソッド

6 女子のスクワットで
北陽 虻川さんのポテンシャル引き出してみた！

9 誰でも即効で体が激変！

12 本書の使い方

PART 1 女子のスクワットが世界一キレイにやせる理由

14 姿勢改善と基礎代謝アップ
ダブル効果でおなかも脚も細くなる

16 ダイエットには筋トレが必須
その理由は基礎代謝にあり

18 太って見える、
老けて見えるのには原因があった

20 ウェイブ効果でバストとヒップが上がり
ウエストと脚がスッキリする

22 おなか、お尻、太もも裏の
柔軟性がボディメイクのカギ

24 美姿勢のベースは、『ハの字足』

26 姿勢が整うことで体のこりや痛みも楽になる

28 血液循環がよくなり、美腸と美肌効果も

30 Column 180度の開脚ができても美しさとは無関係

PART 2 ダイエットの真・常識

32 間違ったトレーニングなら
むしろやらない方がマシ

34 筋トレの回数自慢に意味はなし

36 学生時代より
大人になってからの方が
太りやすい理由

38 運動嫌いな人ほど
スクワット効果は絶大

40 『スクワットで脚が太くなる』は
ウソ？ ホント？

42 いくら腹筋運動をしても
おなかは凹まない

44 水を飲んでも太る、はウソ
ダイエットに『体質』はない

46 やせ過ぎ注意！
体脂肪16％未満で生理が止まるリスク増

48 Column 筋トレとストレッチでストレスをリリースする

PART 3 女子のスクワットの基本のルール

50 やせるための筋トレ種目は『女子のスクワット』が正解
52 アレンジ厳禁！女子のスクワットの正しいフォーム
54 ダンベルやバーベルなどの器具は不要！負荷は自分の体重のみ！
56 女子のスクワットは毎日やってはダメ！ストレッチと交互に行う
58 スクワットもストレッチも動作はゆっくり呼吸をしながら行う
60 Column 骨盤のゆがみを整えても体脂肪は減りません

PART 4 実践！世界一キレイにやせる女子のスクワット最強プログラム

62 まずは7日間やってみよう！2つのコースの利用法
64 女子のスクワットの4週間プログラムのやり方
66 ベーシックコース ウェイブ・スクワット
68 ベーシックコース ウェイブ・ストレッチ
70 アドバンスコース ウェイブ・スプリット・スクワット
72 アドバンスコース ウェイブ・ベントオーバー・スクワット
74 アドバンスコース ウェイブ・ハム・ストレッチ
76 アドバンスコース ウェイブ・アブ・ストレッチ
78 **立ち方、座り方にも気をつけて**日常生活でさらにキレイになる！
80 Column ダイエット成功の秘訣は最初の目標設定にあり

PART 5 体の中からキレイにやせる究極の食事術

82 油抜き、糖質抜きの食事制限がトレーニング効果を台無しにする
84 『たんぱく質』がダイエットには超重要
86 1日の食事を4回に分けるのが究極にやせる食べ方
88 スーパーやコンビニで間食を買うなら高たんぱく質商品を！
90 1日2ℓ程度の水分を摂る！コーヒー、緑茶、酒類はカウントしない
92 きのこ、海藻類などの食物繊維でやせ効果をアップ
94 『糖質』ではなく『糖類』を減らす

※各種運動法について
本書に掲載している各種運動法を行う際、体調に不安のある方、妊娠中の方(その可能性のある方を含む)、持病がある方などは、専門の医師と相談のうえ、指示に従ってください。また、運動法の効果は個人差があることを予めご了承ください。いかなる事故、クレームに対しても弊社、著者は責任を負いかねます。

本書の使い方 How to use

PART
1

女子のスクワットが
なぜ世界一キレイに
やせられるのか、
その理由を説明します。

PART
2

世の中に出回っている
ダイエット情報は
間違いかも！
最新のダイエット情報を
お伝えします。

PART
3

女子のスクワットの
基本的なルールや
注意点を解説します。

PART
4

女子のスクワットを
ベーシックコースとアドバンスコースに
分けて教えます。

ページの見方

回数や秒数、セット数が
書いてあります。
しっかりと守りましょう。

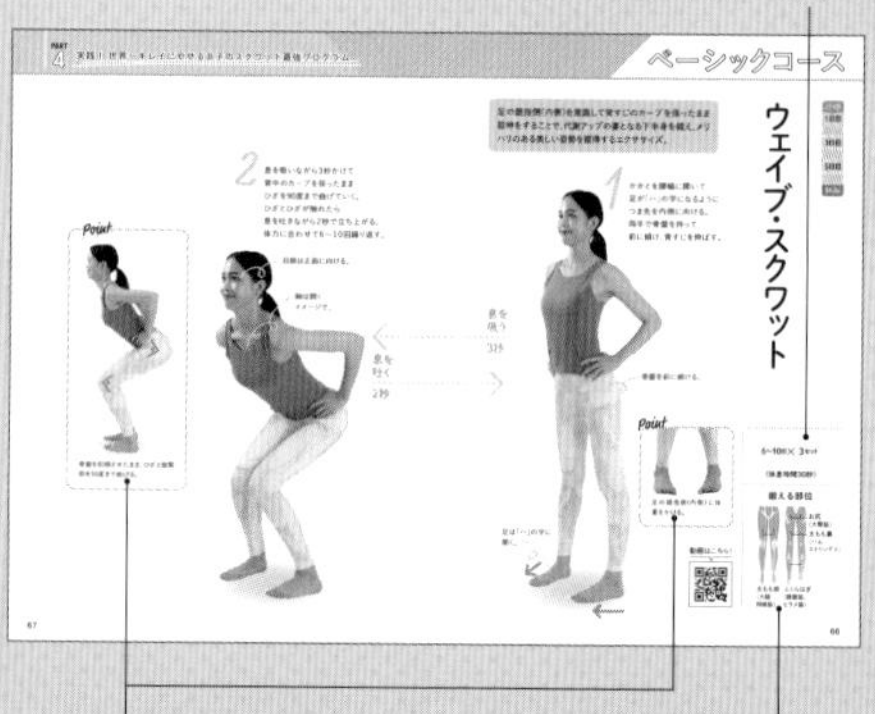

やり方の説明に加えて
「Point」や「NG」も
とても重要です。
正しいフォームで行いましょう。

効いている筋肉の
部位を説明しています。
どこに効いているかを
意識しましょう。

PART
5

女子のスクワットに加えて、
意識して欲しい
キレイにやせる食事術を
紹介します。

PART 1

女子のスクワットが世界一キレイにやせる理由

女子のスクワットの最大の特徴は、
姿勢改善＆基礎代謝アップのダブル効果。
短時間で簡単に理想のボディが手に入ります。

Lose weight beautifully

姿勢改善と基礎代謝アップダブル効果でおなかも脚も細くなる

太ったり体型が崩れたりするのには二つの原因があります。一つは本来あるべき骨の配列が崩れ、猫背になったりして姿勢が悪くなること。バストとヒップが垂れておなかが出るため、実際にそれほど体重は増えていなくても太って見えます。こちらは骨と関節の位置を整え、正しい姿勢に戻すことで即効的に改善ができます。

もう一つの原因は、筋肉が減って体脂肪が増えること。もともとの筋肉が運動不足で細くなっていくと基礎代謝が下がり、食事で摂るエネルギーが行き場を失って余ります。この余ったエネルギーが、体脂肪として体に蓄積されるのです。

これらの太って見える、または太る原因を一気に解決してくれる画期的なメソッドが、本書で紹介する「女子のスクワット」です。

やり方はとっても簡単。ストレッチの要素を取り入れたスクワットと翌日に行うストレッチで姿勢を整えるだけ。スクワットなら1日3分程度、ストレッチなら30秒ほど行うだけで姿勢が整い、バストとヒップの位置が上がります。さらにスクワットを続けていくことで養われる筋肉が基礎代謝をアップさせ、おなかや脚はもちろん、全身の体脂肪を燃焼してくれるのです。**姿勢改善をファーストステップとするなら、必要な筋肉を養って体脂肪を減らしていくプロセスがセカンドステップ。この二段構えのメソッドなら日々効果を実感でき、結果に繋がるのです。**

Lose weight beautifully

ダイエットには筋トレが必須 その理由は基礎代謝にあり

食事で摂取するエネルギーより、消費するエネルギーが上回る。これがやせる唯一の原理です。それならランニングやエクササイズなどの有酸素運動の方がやせられそうと思われがちですが、1日の運動などで消費されるエネルギー（身体活動量）は全体の約3割で、手間のかかる割に恩恵は決して大きくありません。

対して、1日で使われる全消費エネルギーの約6割を占めているのが基礎代謝です。これは体温維持や呼吸、内臓の働きなど、生命活動に用いる必要最低限のエネルギーのこと。日々生きていくためには、運動よりずっと多くのエネルギーを消費しているのです。基礎代謝のうち、**2〜4割は筋肉が熱（体温）を生み出すために消費しています。**筋肉1kgあたりの1日のエネルギー消費量は10〜20kcal。運動をせずにじっとしていても、筋肉は体温を保とうと熱をつくり出すので、自然とエネルギーを消費します。つまり、**筋肉量が多いほど日常生活を送っているだけでやせやすくなり、「筋肉を増やす＝体脂肪が減っていく」という公式が成り立つのです。**

女性の場合、全身の筋肉の約7割がお尻、太ももなど下半身に集中しています。しかも、加齢や運動不足で減っていくのもほとんどが下半身の筋肉。まして食事制限をすれば、ますます顕著に減少します。ですから、下半身をまんべんなく鍛えるスクワットさえ行えば、若く引き締まった体へと変わるのです。

1日のエネルギー消費の内訳

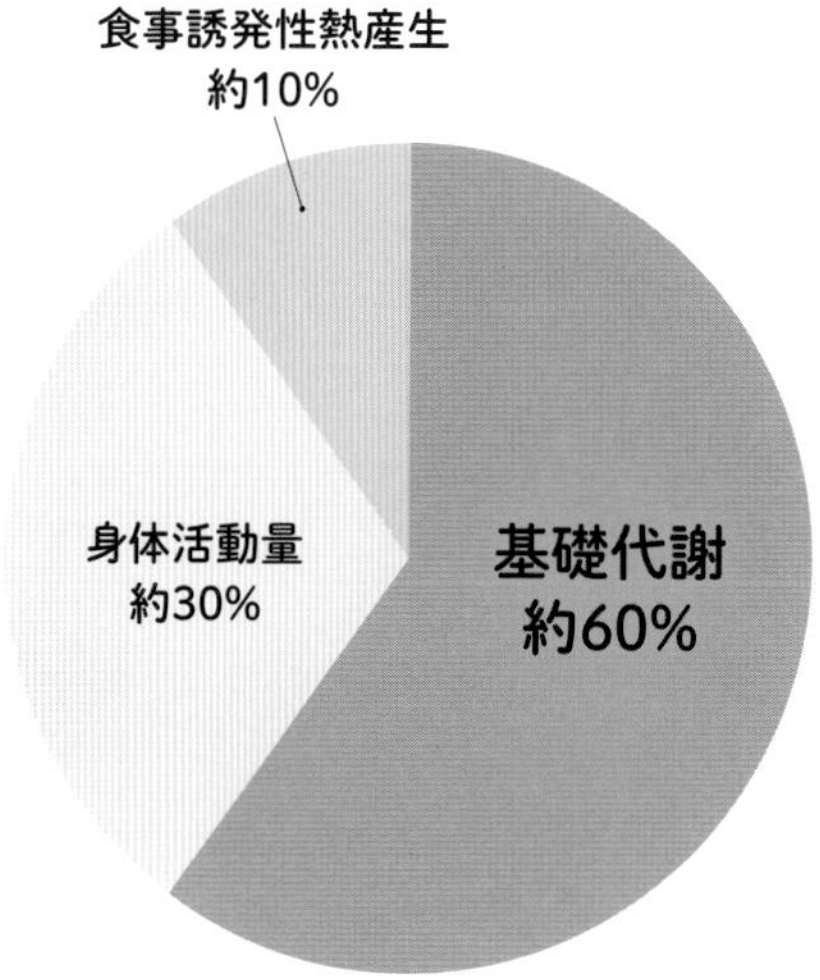

私たちが1日に消費するエネルギーのうち、生命維持のために消費する基礎代謝が約6割を占めています。個人差はありますが、基礎代謝の2～4割は筋肉で消費されているため、加齢で太る理由は筋肉の減少にあり、逆にやせるためには筋肉を増やす筋トレが必要不可欠なのです。

Lose weight beautifully

太って見える、老けて見えるのには原因があった

まずは、左ページの女性をご覧ください。おなかがぽっこりと前に出て、バストやヒップが重力に逆らえず下に向かって垂れています。ひざは曲がり、背中が丸まって頭が前に突き出し、視線は地面の方向へ。実際の年齢より老けたシルエットに見えませんか？　これこそ誰もが陥りやすい典型的な悪姿勢です。

私は絶対、こんなにくたびれた立ち方はしていない！　と思うかもしれません。確かに、仕事で上司に対面しているときや大事なデートのときは、緊張感を持っていい姿勢をとろうとしていることでしょう。でも、会社から帰宅途中の電車の中、スーパーでレジ待ちをしているとき、家事や仕事の手を休めたふとした瞬間などはどうですか。**自分で楽だと感じる体勢をとったとき、大なり小なり悪姿勢になっている女性は驚くほど多いものです。**

「数年前に比べるとバストやヒップの位置が低くなった」「ウエストサイズがひとまわり増えた」「脚が太くなったような気がする」「顔が以前より大きく見える」「パッ

と見の印象が老けたように感じる」といった実感を少しでも抱いたことがある人は、**間違った姿勢で過ごしている時間が日に日に増えている可能性があります。**姿勢の悪さは若々しさや美しさを台無しにしているだけでなく、体の不調を招く要因にもなります。そのことへの気づきが、体を変える第一歩となるのです。

こんな姿勢になっていませんか?

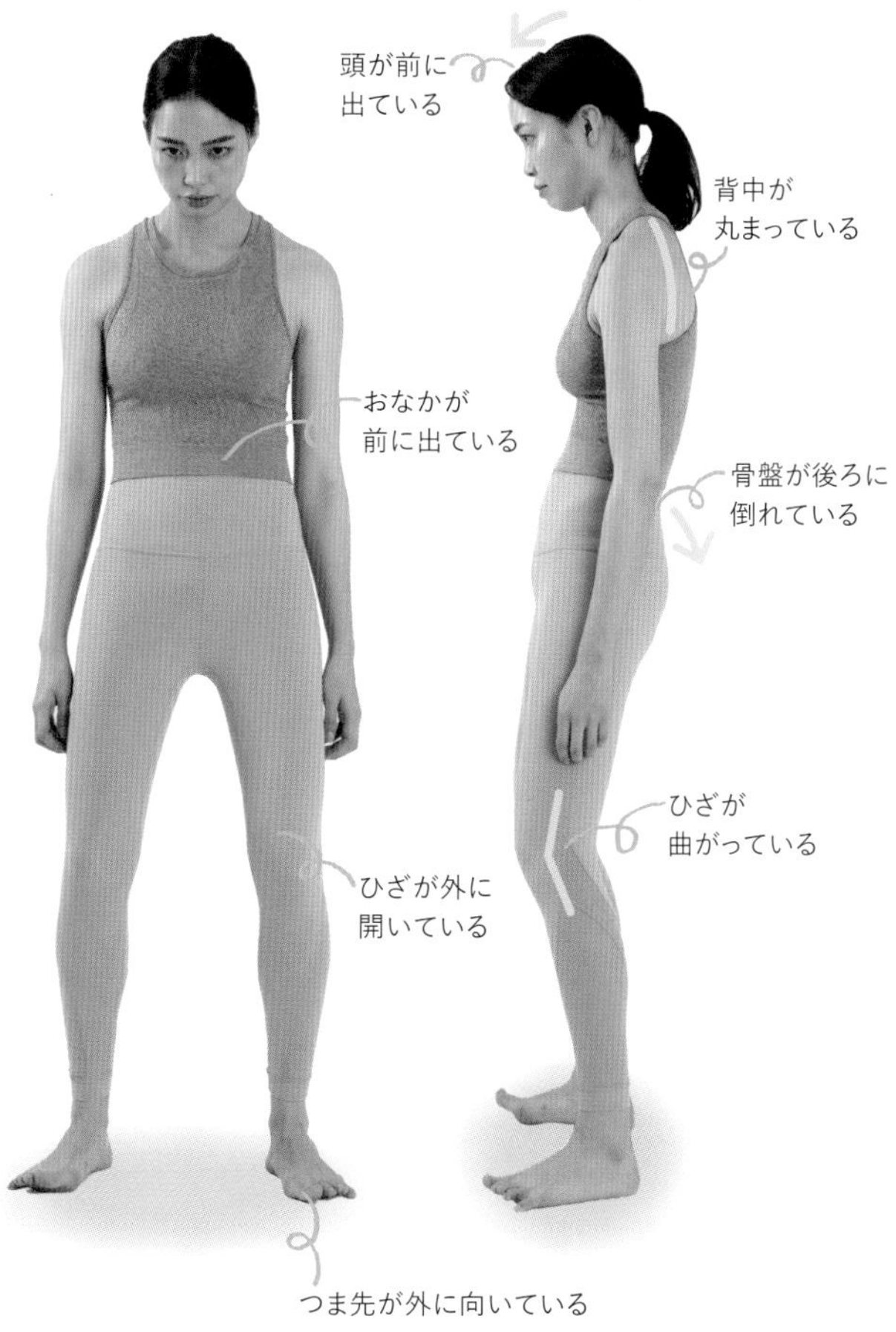

Lose weight beautifully

ウェイブ効果でバストとヒップが上がり ウエストと脚がスッキリする

女性のボディラインはただ単に細ければいいわけではなく、むやみに筋肉をつければいいというわけでもありません。**女性の美しさのポイントは流線型。つまり、波を打つようなメリハリのあるシルエットにあります。**バストとヒップが高く上がり、それに対してウエストがキュッと引き締まり、さらに脚がスラッと伸びる。その理想的なボディラインを獲得するために実行して欲しいのが、本書で紹介する「ウェイブ・スクワット」と「ウェイブ・ストレッチ」です。

ウェイブ・スクワット、ウェイブ・ストレッチともに、つま先を内側に向けて足の内側に体重をかけることでO脚が改善し、脚のシルエットがスラッと伸びます。同時に骨盤が立ちやすくなり、骨盤を立てながら胸を高く引き上げることで猫背が解消してヒップとバストの位置が上がり、ウエストにくびれが生まれます。

4週間、この2つのエクササイズを1日ずつ交互に実施してもらいたいのですが、やった初日からその場でシルエットの変化を実感できるはずです。1週間続ければ、

それは顕著に現れると同時に、呼吸がしやすくなる、手足の血行を感じる、首や肩が楽になるなど、心身のコンディションが上向きになるのも感じられるでしょう。そして、継続するほどに筋肉の増加と体脂肪の減少によって、あなたの体型は確実に一歩一歩、理想的なボディラインへと近づいていくのです。

Lose weight beautifully

おなか、お尻、太もも裏の柔軟性がボディメイクのカギ

デスクワークに集中しているときや座ってスマホを覗き込んでいるとき、自分のおなかを見下ろしてみてください。ほとんどの人はおなかが縮んで背中が丸くなっているはずです。次に骨盤の角度はどうでしょうか。やはり大半の人が後ろに向かって傾いていると思います。このような、お尻の後ろ側がべったり座面に乗った状態のことを「骨盤が後傾」しているといいます。そうではなく、坐骨というお尻の骨で体重を支えるニュートラルなポジションに骨盤を整えることが大切です。

おなかの筋肉が縮んで硬くなると、内臓の収納場所がなくなって下腹がポッコリ出てきます。一方、骨盤が後傾するとお尻や太もも裏の筋肉が縮んで硬くなるので、骨盤を立てることが難しくなります。その結果、本来の背骨のカーブが崩れて悪姿勢が日常化してしまうのです。**座位時間の多い現代の日常生活では、このようにおなかやお尻、太もも裏の筋肉は縮んで硬くなりがち。女子のスクワットでは、これらの筋肉を伸ばして柔軟性を取り戻すことが、第一の目標**です。

柔軟性を保つことのメリットは姿勢改善だけではありません。筋肉がほぐれると、同じ動作を行っても疲れにくくなる利点もあります。疲労感の軽減は自ずと家事や買い物、通勤などの日常動作を活発にさせ、エネルギー消費量が増えることで間接的に体脂肪を減らす効果も期待できるのです。

柔らかくするべき筋肉

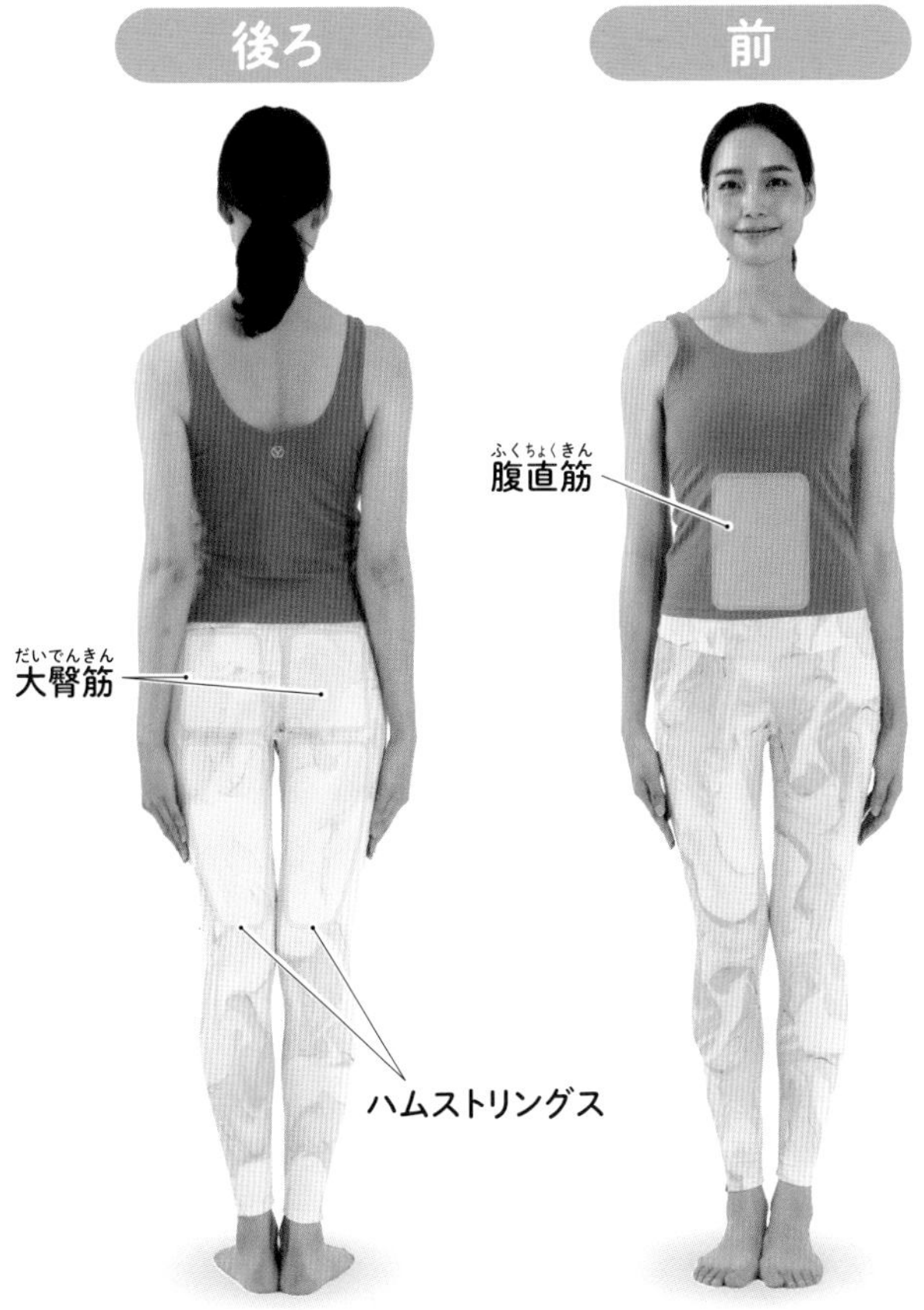

ストレッチをしっかり行うことで姿勢が美しくなり、
疲れにくい体へと変わっていきます。

Lose weight beautifully

美姿勢のベースは、『ハの字足』

骨盤を立てて姿勢を正す。そういわれてすぐにできる人は、あまり多くないでしょう。でも、今までお伝えしてきた女子スクワットを実践すれば、誰でも簡単に姿勢を整えられます。**最大のポイントは、自分から見て両足のつま先を内側に向けた「ハ」の字にして立つこと。**たったこれだけです。

床に触れている部分の外周を結んだ面積が大きいほど体は安定します。足を閉じているより、開いている姿勢の方が安定感があるのはこのためです。同じ理屈で、**多くの人は無意識に足幅を広く取って、つま先を外側に開き、小指側に体重を乗せて立っています。**この状態は地面に触れる外周面積が大きく、ひざの骨と靭帯で体を支えられるので力が要らず、とても「楽」なのです。

ところが、こうした立ち方をしていると、骨盤を立てたり背すじを伸ばしたりするのが難しくなります。骨盤は後傾してお尻や太もも裏の筋肉がますます硬くなり、背すじが丸まっておなかの筋肉もさらに硬くなってしまいます。

そこで、まずは体のベースとなる脚から整えていきます。**足幅を狭くして両足を「ハ」の字に開き、親指側に体重を乗せます。すると自然にひざが伸び、骨盤が立ってお尻が上がり、おなかの筋肉が伸びることで胸も引き上がります。**脚→骨盤→胸の順番で姿勢を整えることで、美しい姿勢が完成するのです。

足を「ハ」の字にすると……

Lose weight beautifully

姿勢が整うことで体のこりや痛みも楽になる

女子スクワットで姿勢を整えると、その場で見た目の若々しさと美しさが手に入ります。ただし、これは一時的な効果。４週間続けていくことで、美姿勢が定着します。続けることで得られるのはそれだけではありません。心身の調子も少しずつ整っていきます。その一つは、首や肩のこり、腰痛の改善です。

スマホを操作しているときの姿勢を思い返してみてください。背中が丸くなって、頭が肩よりかなり前に倒れていませんか。この姿勢を長く続けていると、頭が前方に落ちないよう首の後ろの筋肉が緊張して硬くなります。本来、**重い頭を支えるために首の骨は前側にカーブしていますが、スマホを覗き込む姿勢ではそのカーブが失われるので、首や肩の筋肉に負担がかかり、首こりや肩こりが生じます。**

同時に、肩が内側に入った巻き肩にもなります。腕が上がりにくくなり、高い場所にあるものを取ろうとするときなど、ふいの動きで肩を痛めてしまうリスクが高まります。また前傾姿勢は、いわば猫背の状態。背骨の前側が常に狭まった状況なので、背骨と背骨の間にあるクッション役の椎間板がつぶされて、最悪の場合は後方に飛び出し、深刻な腰痛を引き起こす可能性もあるのです。

このように**骨や関節を本来あるべき位置に戻すことで、見た目だけでなく首や肩、腰のトラブルから解放される**という嬉しい健康上の効果も期待できるのです。

Lose weight beautifully

血液循環がよくなり、美腸と美肌効果も

女性の魅力や美しさを決めるのは、決して顔の造作の良し悪しではありません。それよりも、生き生きとした表情や輝くような肌の調子が、美しさを決める大切な要素です。女子のスクワットでそれらを手にできるのも見逃せない効果です。その理由を、順を追って説明しましょう。

胸部と腹部の間には、横隔膜という薄い筋肉でできた膜があります。猫背になると、この横隔膜の位置が下がります。すると、腹部のスペースが狭くなって、中にある臓器に圧がかかります。その臓器の一つが大腸です。圧迫された大腸のぜん動運動は鈍くなり、便通がスムーズにいかなくなります。このように、**便秘の原因の一つは悪姿勢ということがいえます。**

また、**猫背は胸のスペースも圧迫するので、呼吸が浅くなって体の隅々に酸素が行き届きにくくなります。**これを補うため、心身をコントロールしている自律神経の交感神経が優位になり、アドレナリンというホルモンが過剰に作用。結果、血管

が収縮して末端への血流が滞ります。では、末端の細胞に血流が行き届かなくなるとどうなるでしょうか。吹き出物や肌荒れ、くすみといった肌トラブルが起こりやすくなります。つまり、美腸や美肌をつくる土台は姿勢。腸が健全に働き、血行改善で美肌効果がもたらされれば、自ずと魅力的な表情になるはずです。

column

180度の開脚ができても美しさとは無関係

体の柔軟性を表す指標の一つに開脚運動があります。床に座って脚を伸ばし、外側に股関節を広げる動きです。スタイルのいいバレリーナやダンサーは、180度の開脚を苦もなく行います。その姿に憧れている人が多いせいなのか、数年前、「180度開脚ができるようになる」というワードがブームになりました。

でも、実際にベターッと真横に開脚できたとしても、日常生活ではほとんど役立ちません。日常生活の動きの多くは前後方向の動きで成り立っているからです。椅子から立ち上がるときも、歩くときや階段の上り下りも脚を前後に動かして移動します。つまり、180度の開脚ができてもあまり意味はないということ。

姿勢に関しても同様です。開脚は内ももにある内転筋という筋肉のストレッチですが、この筋肉が硬くても柔らかくても姿勢には影響しません。メリハリがあり、若々しく美しい姿勢づくりに大切なのは「おなか、お尻、太もも裏」の柔軟性です。

PART 2

ダイエットの真・常識

巷にあふれるダイエット情報は本当に効果があるのか。
誤った知識に振り回されるのはかえって逆効果。
まずは正しい最新知識を身につけましょう。

The truth of the diet

間違ったトレーニングならむしろやらない方がマシ

　SNSなどの動画、思い出したかのようにブームになる運動、世の中には様々なボディメイクのメソッドがあふれています。それらの情報は残念なことに、すべてが運動生理学や解剖学に基づいて考えられているわけではありません。

　これまでに溜まった体脂肪を落とそうと、急に激しい運動に取り組んだとします。確かに一時的な爽快感や達成感は得られるかもしれません。でも、**歯を食いしばってまで行う運動は美容にとってマイナス効果。**歯を食いしばることで、上下の歯を噛み合わせるときに働く咬筋《こうきん》が発達し、エラ張りの原因に。続けるうちに、歯自体がボロボロになるリスクも考えられます。つらい運動で苦悶の表情を浮かべ続ければ、額や目尻、口元などに少しずつシワが刻まれていくことにもなります。

　人の脳は、「辛い」と感じることから遠ざかるようにプログラムされています。例えば、スポーツジムに入会しても大半が1年以内に退会する理由のほとんどが、トレーニングの辛さを脳が思い出して行きたくなくなるから。そもそも、引き締まった体、整ったボディラインを手に入れるために、苦行のような運動は不要です。

一生キレイでいたい、若さを保ちたいというのは女性に共通する願望。それなら習慣化でき、かつ確実に効果を得られる運動を取り入れるべき。その点、短時間で緩やかに続けられる女子のスクワットは、一生ものの運動といえます。

SNSなどで様々な運動が手軽に見られるようになりましたが、その内容が運動生理学などに基づいたものとは限りません。一生懸命取り組んでも、むしろ逆効果になってしまうケースも。

The truth of the diet

筋トレの回数自慢に意味はなし

腹筋運動を毎日１００回行う、あるいはスポーツジムで2〜3時間運動をする。でも、体を引き締め、美しいボディラインを獲得するには、回数や時間を競うように増やす必要はまったくありません。筋肉を養うために最も大事なのは、正しいフォームで筋肉に適切な刺激を与えることだからです。

腹筋運動を１００回行ったとき、１回目と同じフォームで１００回目を行える人はほとんどいないでしょう。乱れたフォームで腹筋以外の筋肉を使いながら、ようやく上体を起こしているはず。スクワットも同様で、１００回行おうとしたら必ず反動をつけたプロレス式のヒンズースクワットになるからです。特に女子のスクワットでは足を「ハ」の字にし、骨盤を立て、胸を張った姿勢を保ちながら行うのが必要不可欠。この姿勢が崩れるような筋トレでは、やっても意味がありません。

筋トレの目的は大きく三つに分けられ、目的によって負荷と回数が異なります。一つめは「筋力」アップ、二つめが「筋量」アップで筋肉量を増やすこと、三つめが「筋持久力」のアップです。このうち、長時間多くの回数をこなす筋トレは筋持久力アップが目的となります。これに対して、**やせるための体づくりに必要なのは筋量を増やす筋トレ。体脂肪が増える元凶が筋肉の減少だからです。それには余力を持って6～10回繰り返せる、適切な負荷を筋肉に与える必要があります。**

The truth of the diet

学生時代より大人になってからの方が太りやすい理由

同じような食生活をしていても、若い頃に比べて太りやすくなった。その理由の一つは**加齢によって筋肉量が減り、基礎代謝が低下した**から。さらに、社会人以降になるともう一つ、環境の変化が太る要因に加わります。

学生の頃の生活を思い出してください。フロア違いの教室移動は階段を使うのが当たり前だったはず。家から学校まで数十分の距離を徒歩で通っていた人もいるかもしれません。体育や部活で体を動かす機会もあったでしょう。では、現在の生活はというと、１階分のフロア移動にもエレベーターを使い、駅やショッピングセンターではエスカレーターに乗り、ちょっとした距離でもタクシーを使う。もちろん、全力で走ったり跳んだりする身体活動から何年も遠ざかっていることと思います。

学生時代より社会人、社会人でも出世するほど、体を動かさない生活環境にどんどんシフトしていき、活動量は減っていきます。リタイアすればなおさらです。こうなると、同じ食生活をしていても太りやすくなるのは当然なのです。食生活が同じならまだしも、社会人になって経済的に余裕ができると食事の内容も贅沢に。その気になれば高級ステーキや寿司、フレンチのフルコースなど、好きなものを外食で口にすることができます。活動量は減っているのに摂取カロリーが増える、こうした理由から多くの人が加齢とともに太りやすくなるのです。

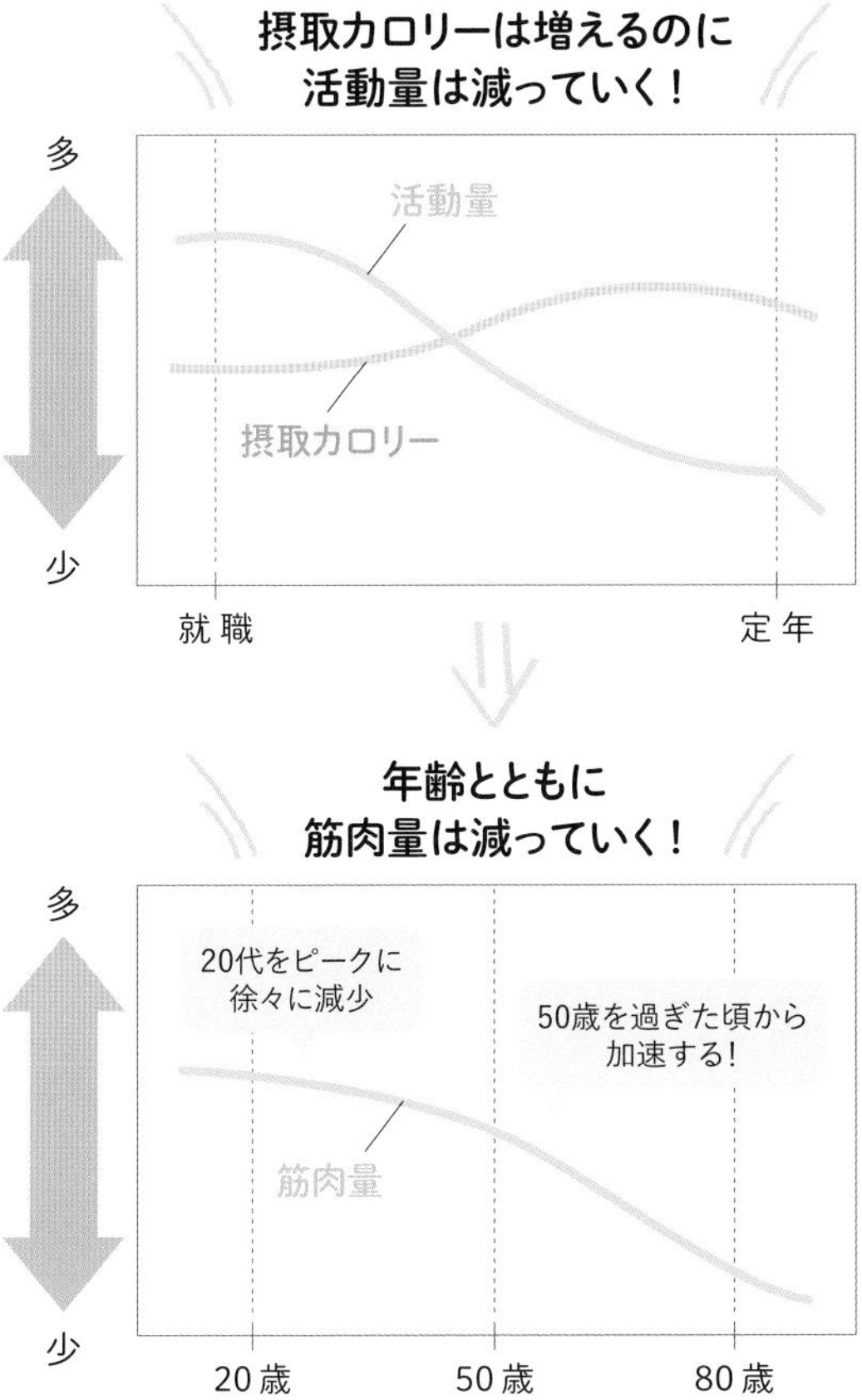

学生の頃は通学で歩いたり自転車に乗ったりと、運動部でなくとも体を動かす機会はありますが、社会人以降は電車や車などでの通勤で、気がつかないうちに活動量が減っていき、加齢とともに筋肉量も減っていきます。

The truth of the diet

運動嫌いな人ほど スクワット効果は絶大

学生時代は文化部や帰宅部で、子どもの頃から運動が苦手。だから**筋トレなんてとても自分にできる気がしない。そう考えている女性は、むしろラッキーと思ってください。**運動経験がない人ほど、筋トレの効果を得られやすいからです。

実は意外なことに、運動が得意な人の中には、筋トレの正しいフォームをなかなかマスターできない人がいます。無意識に合理的な動きをしてしまうのが、その理由です。何かを持ち上げるときに全身の筋肉を使って持ち上げるのと、腕の筋肉だけを使って持ち上げるのとでは断然、前者の方が楽で合理的。多くの筋肉を使って負荷を分散させることができるからです。これに対して筋トレの正解は後者のやり方、特定の筋肉だけを使って体を動かします。なぜかというと、**あえて非合理的な動きで腕なら腕を目的とする筋肉だけを使い、刺激を与えていく。そうすることで、筋肉を肥大させる効果が高まるからです。**

運動が得意な人は、筋トレのフォームを自己流で合理的なものにアレンジしてしまいがち。対して、これまで運動経験がほとんどない人は合理的に体を動かそうとせず、正解のフォームを忠実に行うことができます。正しいフォームで筋トレを行えば、早く確実に効果が出ます。運動嫌いを自負する女性こそ、女子のスクワットで、より短期間で効果を得ることができるのです。

運動経験が豊富な人

運動経験が少ない人

The truth of the diet

『スクワットで脚が太くなる』はウソ？ ホント？

太りにくい体をつくるために、筋肥大効果を狙ったスクワットを行う。そう聞いて、「スクワットをしたら競輪選手のように太ももがムキムキになるのでは？」と、ためらってしまう女性がいるかもしれません。

一言でいうと、その心配は無用です。自分の体重を負荷として行う女子のスクワットでは、必要な筋肉量を獲得できこそすれ、競輪選手のような太い脚にはなりえません。競輪選手のたくましい太ももは、毎日の厳しい鍛錬の末に養われたもの。それこそ、体重の倍ものバーベルを上げ下げするスクワットや全力で行うサイクリングといったハードメニューを長時間こなし、同時に大量の食事を摂ることであの筋肉がつくられます。**本書で紹介する自体重を負荷にしたスクワットでは、太ももがムキムキになる可能性は１００％ありません。**

一般女性の場合で太ももが太く見えてしまう原因は、筋肉ではなく脂肪です。女性ホルモンの影響で下腹部から太ももにかけて体脂肪が蓄積されやすく、太ももまわりのボリュームが豊かになる傾向があるのです。**スクワットで必要な筋肉を獲得しながら基礎代謝を上げて脂肪を取り除くことで、むしろスラリとした美脚シルエットを手に入れられます。**ムキムキになる心配は一切無用。代謝アップと姿勢改善を目標に、安心して取り組んでください。

脚が太くなるのは
高重量の激しい筋トレとともに
食事をたっぷりと摂った場合！

The truth of the diet

いくら腹筋運動をしても おなかは凹まない

ウエストを引き締めたいならやっぱり腹筋運動。いまだに、そう信じて腹筋を行う女性は少なくありません。でも、この考え方には二重の意味で間違いがあります。一つは腹筋が衰えるから代謝が下がるわけではないこと。もう一つは、部分やせはしないということです。

脂肪が減っていくメカニズムを簡単に説明します。脂肪を減らすにはまず、脂肪細胞の中にある中性脂肪が分解される必要があります。この分解に関わるのがアドレナリンや成長ホルモンなどのホルモンです。運動の刺激によってこれらのホルモンが血液中に放出され、脂肪細胞に運ばれて中性脂肪を分解。分解された脂肪は血液中に放たれ、各細胞でエネルギーとして消費される仕組みです。

この脂肪分解は全身の脂肪細胞で均等の割合で起こります。**おなかを引き締めたいから腹筋をしても、おなかまわりの脂肪細胞にだけホルモンが働きかけるわけではないのです。**全身の中で明らかにおなかだけが凹んだように感じるのは、もともと誰でもおなかには大量の脂肪細胞が存在しているから。**人間は必ず同じ割合で全身の脂肪が分解されるので、総量が多ければ分解される脂肪の絶対量も多い、というわけです。**結論をいえば、おなかを凹ませたかったらスクワットで下半身の筋肉量を増やして基礎代謝を上げることが、最善にして最短の道なのです。

腹筋運動でおなかの
脂肪は使われないし
代謝もアップしないので
おなかは凹まない！

The truth of the diet

水を飲んでも太る、はウソ ダイエットに『体質』はない

「水を飲んでも太る体質」と自称する人がいます。同様に、決して食べ過ぎてはいないのに太りやすい、逆にとてもよく食べるのにまったく太らないといった差も「もともとの体質」によるものと考えられがちです。でも、**ノンカロリーの水を飲んで体脂肪が増えることはあり得ません。**また食べ過ぎなければ太ることもありませんし、食べる量が増えれば人は必ず太ります。これらを「体質」のせいにしてしまう理由のほとんどは、脳に備わっている習性で説明できます。

自分が１日にどれだけエネルギーを摂っているのか、正しく把握している人は決して多くありません。過去３日間に口にしたものすべてを記録してくださいといわれたとき、**人は強く印象に残っているものを真っ先に思い出し、それ以外のものは見落としがちです。**例えば、小食の人は、普段あまり食べないのにたまたま行った焼き肉店でたくさん食べたことを強く記憶していて、自分は大食いと思い込む。逆に、普段の食事で大盛りが当たり前という人は、ろくに食べ物を口にしなかった日

のことばかりが印象に残りやすく、自分は食べていないのに太ると思い込む傾向があるのです。これは嘘のような本当の話で、脳は「自分に都合のいいことだけを記憶する」習性があります。食べていないのに太ると感じている人は、その日に口にした食べ物や飲み物を一度すべて洗い出してみましょう。

「食べていないのに太るという」人

＝

あまり食べなかったときのことをよく覚えている

「食べているのに太らない」という人

＝

たくさん食べたときのことをよく覚えている

「食べていないのに太る」という人は、
実際に食べたものを正確に記憶しておらず、
「食べていない」と勘違いしている可能性があります。
自分の食事を記録して、
食べ過ぎや間食などがないか、
客観的に把握しましょう。

The truth of the diet

やせ過ぎ注意！体脂肪16％未満で生理が止まるリスク増

これだけダイエットの情報があふれているのに、過度な食事制限で体重を減らそうとする女性はいまだに多いのが真実。でも、短期間に体重だけを急激に減らすダイエットは、もはや時代遅れ。脂肪だけでなく、体に必要な水分、筋肉、骨なども減少して体調不良を起こし、体力も低下します。「やせる」より「やつれる」という表現がぴったりくる方法では、美しさも若さも手に入りません。**適正な減量ペースの上限は1週間で体重の1％。これ以上の減量は行き過ぎ**と考えてください。

体重ではなく、極力体脂肪だけを減らすのが理想的なダイエットです。ただし、体脂肪の減らし過ぎは禁物。それは体脂肪と女性ホルモンが密接に関係しているからです。そもそも女性ホルモンの働きは適度な体脂肪を維持し、女性らしい曲線をつくって張りのある肌やツヤのある髪を育むこと。体脂肪の減らし過ぎで女性ホルモンの分泌量が減ると、肌と髪の劣化だけでなく骨密度の低下にも繋がります。

女性の場合、年代ごとに異なりますが体脂肪率20％未満は「やせ」に分類されま

す。女性らしい曲線を保ちながら体を引き締めるなら、20%台前半を目標にしたいところ。また、体脂肪率は最低でも16%を切らないように。このレベルになると、生理が止まるリスクも高まるからです。安全な体脂肪減のペースは、1週間で体重の0・5〜1%程度。60kgの女性なら0・3〜0・6kg減が目安です。

体脂肪を減らし過ぎると……

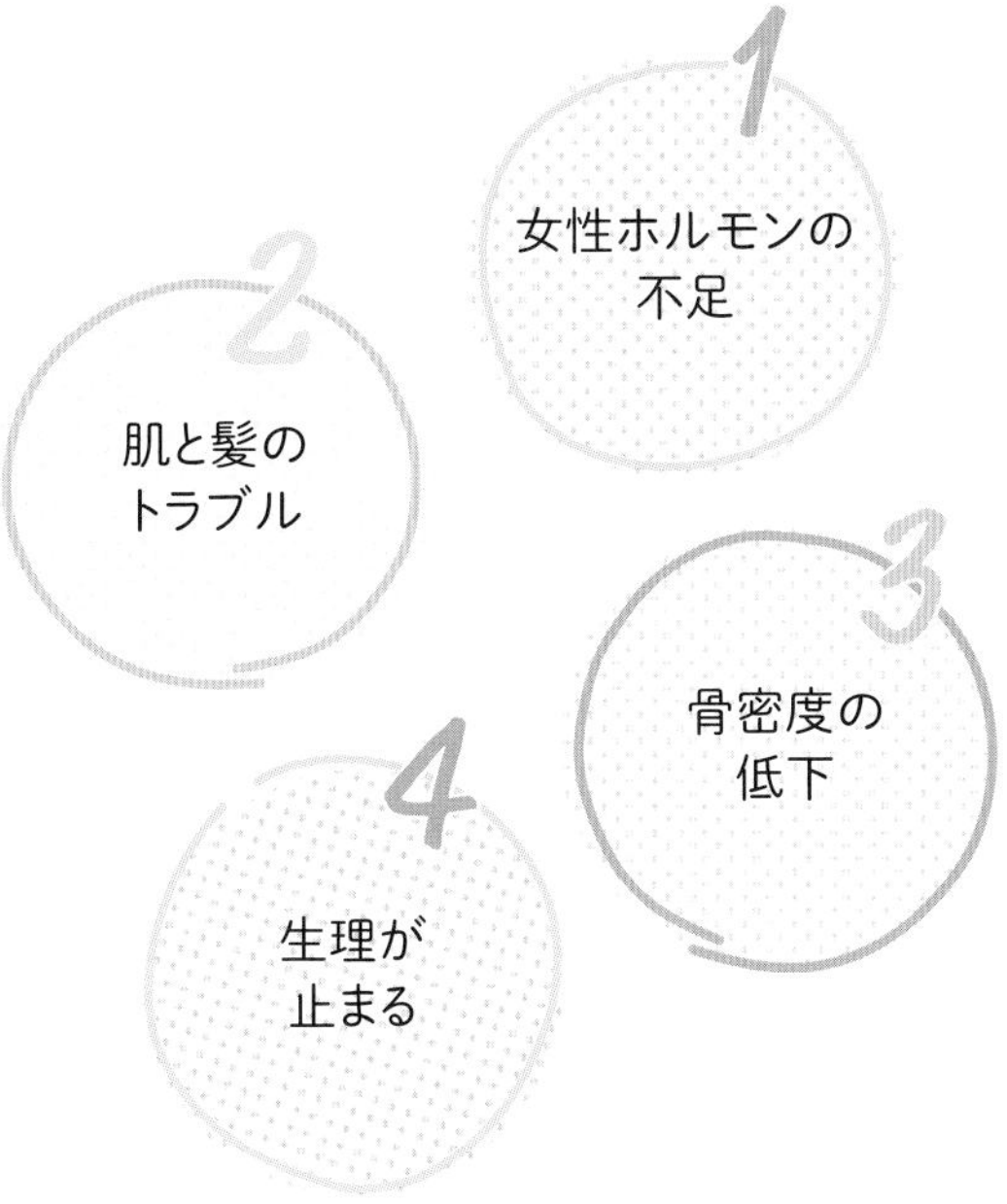

など、様々なトラブルに！

column

筋トレとストレッチでストレスをリリースする

つい食べ過ぎたり、間食を多く摂ってしまう人、また甘いものが無性に食べたいという人は、自分でも気づかないうちにストレスを溜め込んでいるかもしれません。大量の食べ物や甘いものを口にすることで血糖値を瞬間的に上げ、脳を満足させている可能性があるからです。そんな人ほど、本書で紹介する女子のスクワットを実践してみてください。体の変化だけでなく、マインドの変化もきっと感じられるはずです。

ストレスにさらされると、アドレナリンというホルモンが分泌されます。このホルモンは心拍数や血糖値を上げて体を戦闘態勢にする役割を持っています。うまくリリースできないと、そのもやもやを解消するため暴飲暴食などに走ってしまいがちですが、筋トレではアドレナリンを有効に消費できます。さらに、ストレッチでは体を休息モードに導く自律神経の副交感神経が優位になります。ダブルの効果でストレスリリースが期待できるので、過食や甘いものの摂り過ぎの予防にも役立ってくれます。

PART 3

女子のスクワットの基本のルール

有効なメソッドでもルール通りに行わないと効果は半減。
体を動かす前にやり方、頻度、スピードなどの
基本のルールを抑えることが第一歩です。

Basic rules of diet

やせるための筋トレ種目は『女子のスクワット』が正解

体を引き締めてやせ体質になりたい。その目的を叶えるために、数ある筋トレの中から選ぶべき種目は、下半身をまんべんなく鍛えられるスクワット。というのは、**女性の場合、全身の筋肉の約7割が下半身に集中しているからです。**体幹を含めた上半身は、心臓や胃腸などの内臓を収納しているので体積は大きいですが、筋肉量は意外に少ないのです。

何もしなくても消費される基礎代謝のうち、2～4割は筋肉が熱をつくるために消費します。そのほとんどを下半身の筋肉がカバーしているのです。ところが、上半身の筋肉は年齢による変化がほとんどないのに対して、下半身の筋肉は20代をピークに右肩下がりで減っていきます。これは社会人になると、学生時代に比べて歩いたり走ったりする機会が激減する生活環境の変化と大きく関係しています。

太りにくい体づくりの土台は、減っていく一方の下半身の筋肉を取り戻し、基礎代謝を上げること。それにはお尻、太もも、ふくらはぎなど、下半身の多くの筋肉

を同時に働かせるスクワットを行うのが正解。さらに、本書で紹介する女子のスクワットには、お尻、太もも裏、おなかを伸ばすストレッチ要素が加味されています。硬くなりがちなこれらの筋肉を伸ばし、正しい姿勢をつくるのと合わせて下半身の筋肉の減少を防ぐ。まさしく一石二鳥の筋トレといえます。

Basic rules of diet

アレンジ厳禁！女子のスクワットの正しいフォーム

筋トレの基本ルールは、正しいフォームを忠実に再現することです。いい加減な体の動かし方で30回、50回と数をこなしても、基礎代謝を上げてやせる効果は見込めません。正しいフォームで6～10回、2回できるくらいのレベルに留めるのが重要です。必要以上の回数をこなそうと力んで息を止めれば、血圧が上がって血管に負担がかかります。また、歯を食いしばって表情筋を酷使すれば顔にシワが刻まれて、かえって体を老けさせることになりかねません。

それでは、正しい女子のスクワットとはどのようなものでしょう？ これまでにスクワットを行ったことがある人は、過去の経験をすっぱり忘れてください。**十中八九、足幅を広く取り、つま先を外側に向けて行っていたはずだからです。**こうした足のポジションは、より重い重量を持ち上げるためのスクワットのテクニック。ウエイトの負荷に耐えて、バランスを取るためのポジションなのです。

足幅を広く取る。つま先を外側に向ける。どちらも外側荷重になって、骨盤が後傾しやすい条件に当てはまります。**女子のスクワットの正しいフォームはこの真逆。足幅を狭くしてつま先を内側に向けます。次に骨盤をしっかりと立てて胸を高く引き上げることが基本のフォームです。**土台となる足のポジションから骨盤、背骨へと順に整える正しいフォームを、常に意識して行ってください。

こんなスクワットは やればやるほど体型が崩れる！

足幅が広く、つま先が外側を向いている

O脚になり、ひざに負担がかかる

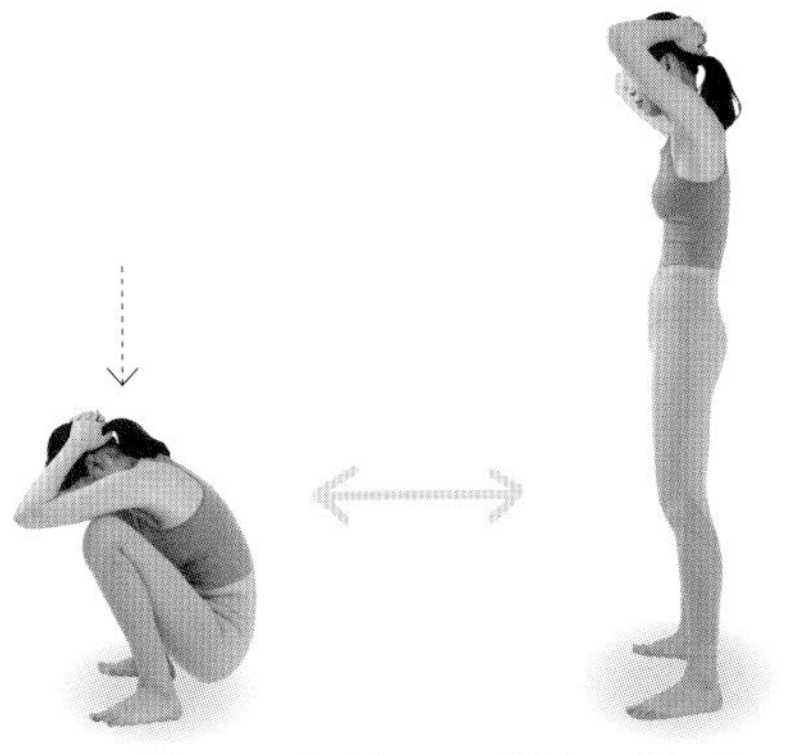

腰を落とし過ぎて、背中が丸まる

骨盤が後傾し、腰に負担がかかる

Basic rules of diet

ダンベルやバーベルなどの器具は不要！負荷は自分の体重のみ！

重いダンベルを持ったり、バーベルを担いでスクワットに励んだ結果、お尻や太ももの筋肉が必要以上についてしまってなかなか落ちない。女性が、「筋トレをするとムキムキになるのでは？」という心配をしてしまうのは、こうしたケースが実際にあるからです。でも、これは必要以上に重い負荷をかけて筋トレを行ったときの話。南米の女性のようにボリューミーなお尻や太ももを手に入れたいならば話は別ですが、美しい体型を手に入れるためにダンベルやバーベルは不要です。

女子のスクワットを行うに当たり、負荷は自分の体重だけで十分。**そもそも人の体は、自分の体重を重力に逆らって移動できるデザインだからです。**当たり前のように階段移動していた学生時代、体は引き締まっていても特別に大きなお尻の筋肉はついていなかったはずです。今はワンフロアでもエスカレーターやエレベーターに頼ってしまうなら、それは当時のお尻や太ももの筋肉量を下回っているということ。ならば、自分の体重を負荷にしたスクワットを行って、もとあった筋肉を取り戻せばいいだけの話なのです。

階段上りとスクワットでは、刺激される部位がほぼ同じ。**自体重で行う無理のない女子のスクワットを1週間続けるだけでも、階段上りなどの日常生活動作が確実に楽に感じられるようになっているはずです。**

自分の体重だけでOK！
余計な負荷は必要なし！

Basic rules of diet

女子のスクワットは毎日やってはダメ！ストレッチと交互に行う

3セット行っても、たった3分程度で完結するとてもシンプルなスクワット。これなら特別に時間をつくらなくてもいいし、自分を奮い立たせる気合いも要りません。だからといって毎日行う必要もなく、**スクワットを行うのは1日おきで十分。週に3回行うスクワットの合間に筋肉を休ませるストレッチと最終日の休息日からなる1週間のコースを4週間実践していきましょう。**

「そんなに楽なペースで本当に効果があるの？」「毎日行った方が早く効果が出るのでは？」と思われるかもしれません。でも、正解をいわせてもらえば**「毎日筋トレを行うくらいならやらない方がマシ」**なのです。

日常生活以上の負荷を体にかけると、筋肉は一時的にほんのわずかな損傷を受け疲労します。結果、もとの筋力よりも一度レベルダウンしますが、休養を取ることで修復され、再び同じ刺激を受けても疲労しないようレベルアップします。これがいわゆる「超回復」と呼ばれる現象。筋肉の修復にかかる時間は48～72時間と考えられているので、超回復が起こるには最低でも中1日の休養が必要になります。ではこれを無視して毎日筋トレを行うと、どうなるのでしょうか？ 損傷と疲労が積み重なり、筋肉はトレーニング前に比べてどんどんレベルダウンしていきます。やらない方がマシというのは、こうした理由からです。

筋肉の休養日をつくって
効率よく鍛えよう！

1日目	スクワット
2日目	ストレッチ
3日目	スクワット
4日目	ストレッチ
5日目	スクワット
6日目	ストレッチ
7日目	休み

Basic rules of diet

スクワットもストレッチも動作は ゆっくり呼吸をしながら行う

スポーツジムやSNSなどの動画では、時々バーピージャンプのように筋肉を高速で伸び縮みさせるトレーニングを見かけます。この方法では筋肉にかかる負荷は短時間で、向上するのは筋肉の瞬発力、専門的には筋パワーです。筋肥大の効果は期待できないうえに関節に負担がかかりやすく、また息を止めやすいため血圧が上がって血管に負担もかかります。筋肥大をさせるには筋肉を少しずつ伸び縮みさせながらしっかりと負荷をかけることが必要。特に近年、重りを下ろしながら徐々に筋肉を伸ばしていくのが重要だとわかってきました。

筋トレを行うときは呼吸を意識してゆっくりと行う、これが基本ルールです。具体的に**負荷を持ち上げるときには息を吐きながら2秒かけ、下ろすときに息を吸いながら3秒かけます。**呼吸については、持ち上げるときの方が力を必要とするので、息を吐くことで出力を上げるのが狙いです。**スクワットならひざを曲げていくときに3秒かけて息を吸い、立ち上がるときに2秒かけて息を吐きます。**

また、ストレッチも息を止めると血圧が上がり、筋肉の緊張を招くので呼吸が重要です。ポーズをつくるときに息を吐き、ポーズを維持するときは吸って吐いてをゆっくり2回繰り返します。呼吸を2回繰り返すとちょうど10秒になるので、これを3セット繰り返し行いましょう。

column

骨盤のゆがみを整えても体脂肪は減りません

「骨盤のゆがみを整えれば、スリムになれる！」といった触れ込みで、高額な骨盤矯正グッズやマッサージなどがいまだに堂々と宣伝されています。

骨盤のゆがみが原因で栄養の貯蔵庫である体脂肪が増えるというなら、逆に骨盤をゆがませることで世界の食料危機を解決できるはずです。骨盤の開きを矯正してお尻を小さくするなどの謳い文句もありますが、もしも骨盤が本当に開いているのなら腸が下へと飛び出てしまうでしょう。いずれも生理学、医学上おかしな話なのです。

本書で紹介している女子のスクワットでは、足元から姿勢を整え、骨盤や背骨のポジションと角度をあるべき場所に戻していきます。それですぐに体脂肪が減るわけではありませんが、その場で本来の美しいシルエットを取り戻すことができます。さらに、正しい姿勢を習慣づければ、日常生活の歩行や階段の上り下りなどが楽になり、身体活動によるエネルギー消費量が上がります。

PART 4

実践！ 世界一キレイにやせる女子のスクワット最強プログラム

スクワットとストレッチを組み合わせた1週間のコースを4週間行うプログラムを紹介します。早速、試してみて効果を実感しましょう。

7days squat program

まずは7日間やってみよう！
2つのコースの利用法

本書では、最小努力で最大効果を得られる「ベーシックコース」と「アドバンスコース」の2つを用意。自分の体力やスケジュールに合わせて実践しましょう。

まず、すべての人に取り組んでもらいたいのが7日間のベーシックコース。**スクワット1種目とストレッチ1種目を交互に6日間行い、7日目は完全休養。たったこれだけで体のシルエットとサイズの変化を実感できるので、ボディメイクのモチベーションがますます高まるはずです。**

その気持ちのまま、さらに3週間、4週間と続けてください。姿勢が定着してくるとともに首や肩が軽くなる、便通がよくなる、肌の調子がよくなるといった体調や美容面の効果を顕著に感じられます。この間、スクワットは無理のない程度に、6回から10回へと少しずつ回数を増やしていきましょう。

4週目を過ぎると本格的に筋肉量が増えて基礎代謝が上がります。体脂肪が減るフェイズに入るので、ここで一度コースの選択をしましょう。ベーシックコースが自分に合っているなら、このまま継続（例1）。「余裕があるし、もっとボディメイクを加速したい」という人は、2種目のスクワットと2種目のストレッチでボディメイクをより後押ししてくれるアドバンスコースへ移行を。さらに4週を終え、ペースダウンしたい場合は、ベーシックコースに戻るのもOKです（例2）。

自分のペースに合わせて 2つのコースから選ぼう！

誰でも気軽にできる 「ベーシックコース」（→P.66-69）
スクワット1種目+ストレッチ1種目

ウェイブ・スクワット ＋ ウェイブ・ストレッチ

ダイエットを加速させる 「アドバンスコース」（→P.70-77）
スクワット2種目+ストレッチ2種目

ウェイブ・スプリット・スクワット&
ウェイブ・ベントオーバー・スクワット
＋
ウェイブ・ハム・ストレッチ&
ウェイブ・アブ・ストレッチ

コース選択の例

例1の体脂肪率の変化のイメージ

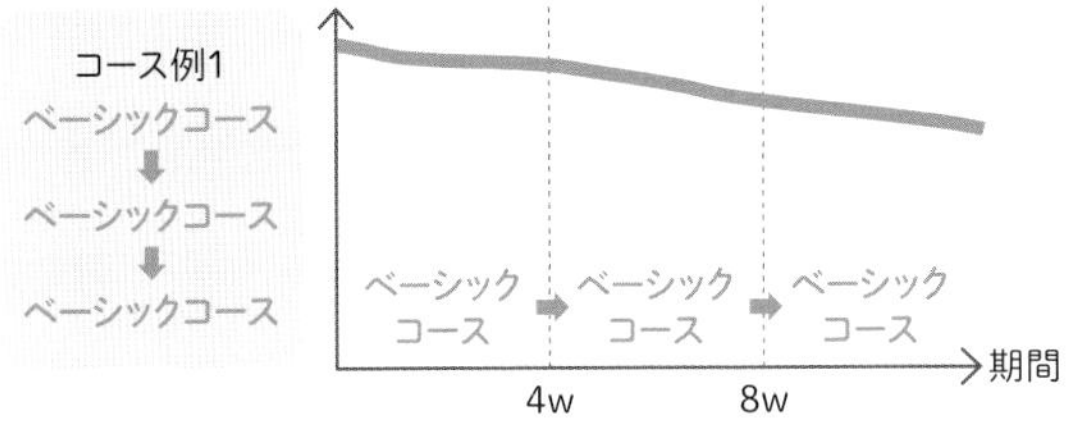

例2の体脂肪率の変化のイメージ

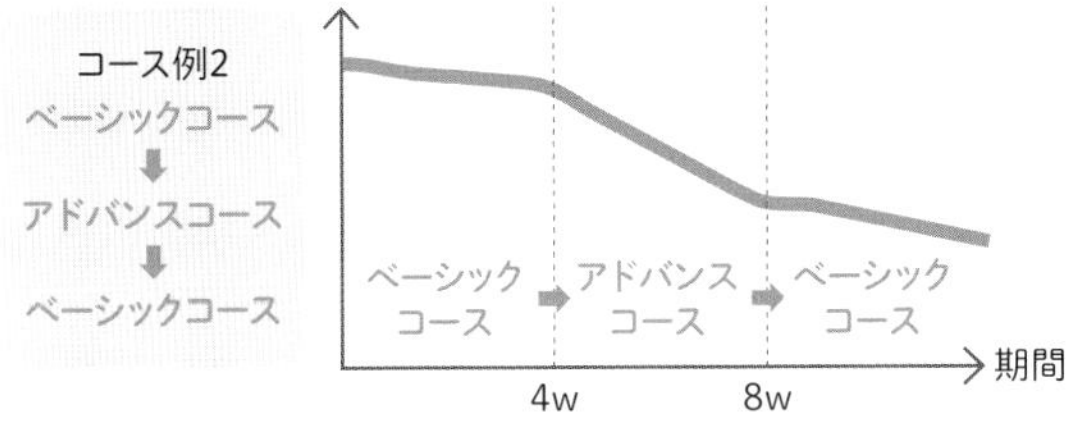

女子のスクワットの
4週間プログラムのやり方

女子のスクワットはP.56で紹介した通り、スクワットとストレッチを1日ずつ交互に行い、7日目は休みにします。1週間でも効果はありますが、継続することでさらに効果がアップ。ここでは4週間プログラムのやり方とチェックシートの使い方を説明します。記録をつけることで成果が確認でき、モチベーションが上がります。

1

スクワットとストレッチを交互に行い、7日目は休みます。

スクワット « ストレッチ « スクワット « ストレッチ « スクワット « ストレッチ « 休み

2

左ページのチェックシートをコピーして、運動と食事の記録をつけましょう。

1週目	1日目
日付	／
種目／回数（秒数）・セット数	スクワット 回 セット
朝昼晩とも主菜をしっかり摂った	○
食事を4回に分けて食べた	×
2ℓ以上の水分を摂った	○
きのこ、海藻、こんにゃくを摂った	×
糖類を意識的に減らした	×

日付や
回数などを
記入。

PART5で紹介する
食事術を読み、
実施の有無を
「○」「×」で記入。

⇓

「ベーシックコース」を4週間実施後、さらにボディメイクを加速したい人は
「アドバンスコース」にレベルアップしましょう。
もちろん「ベーシックコース」のままでもOKです。
左のチェックシートはどちらのコースでも使用できます。

女子のスクワットの4週間チェックシート

1週目	1日目	2日目	3日目	4日目	5日目	6日目	7日目
日付	／	／	／	／	／	／	／
種目／回数（秒数）・セット数	スクワット 回 セット	ストレッチ 秒 セット	スクワット 回 セット	ストレッチ 秒 セット	スクワット 回 セット	ストレッチ 秒 セット	休み
朝昼晩とも主菜をしっかり摂った							
食事を4回に分けて食べた							
2ℓ以上の水分を摂った							
きのこ、海藻、こんにゃくを摂った							
糖類を意識的に減らした							

2週目	1日目	2日目	3日目	4日目	5日目	6日目	7日目
日付	／	／	／	／	／	／	／
種目／回数（秒数）・セット数	スクワット 回 セット	ストレッチ 秒 セット	スクワット 回 セット	ストレッチ 秒 セット	スクワット 回 セット	ストレッチ 秒 セット	休み
朝昼晩とも主菜をしっかり摂った							
食事を4回に分けて食べた							
2ℓ以上の水分を摂った							
きのこ、海藻、こんにゃくを摂った							
糖類を意識的に減らした							

3週目	1日目	2日目	3日目	4日目	5日目	6日目	7日目
日付	／	／	／	／	／	／	／
種目／回数（秒数）・セット数	スクワット 回 セット	ストレッチ 秒 セット	スクワット 回 セット	ストレッチ 秒 セット	スクワット 回 セット	ストレッチ 秒 セット	休み
朝昼晩とも主菜をしっかり摂った							
食事を4回に分けて食べた							
2ℓ以上の水分を摂った							
きのこ、海藻、こんにゃくを摂った							
糖類を意識的に減らした							

4週目	1日目	2日目	3日目	4日目	5日目	6日目	7日目
日付	／	／	／	／	／	／	／
種目／回数（秒数）・セット数	スクワット 回 セット	ストレッチ 秒 セット	スクワット 回 セット	ストレッチ 秒 セット	スクワット 回 セット	ストレッチ 秒 セット	休み
朝昼晩とも主菜をしっかり摂った							
食事を4回に分けて食べた							
2ℓ以上の水分を摂った							
きのこ、海藻、こんにゃくを摂った							
糖類を意識的に減らした							

※こちらのページはコピーしてお使いください。

ウェイブ・スクワット

行う日
1日目
2日目
3日目
4日目
5日目
6日目
休み

足の親指側(内側)を意識して背すじのカーブを保ったまま屈伸をすることで、代謝アップの要となる下半身を鍛え、メリハリのある美しい姿勢を獲得するエクササイズ。

1

かかとを腰幅に開いて足が「ハ」の字になるようにつま先を内側に向ける。両手で骨盤を持って前に傾け、背すじを伸ばす。

息を吸う

3秒

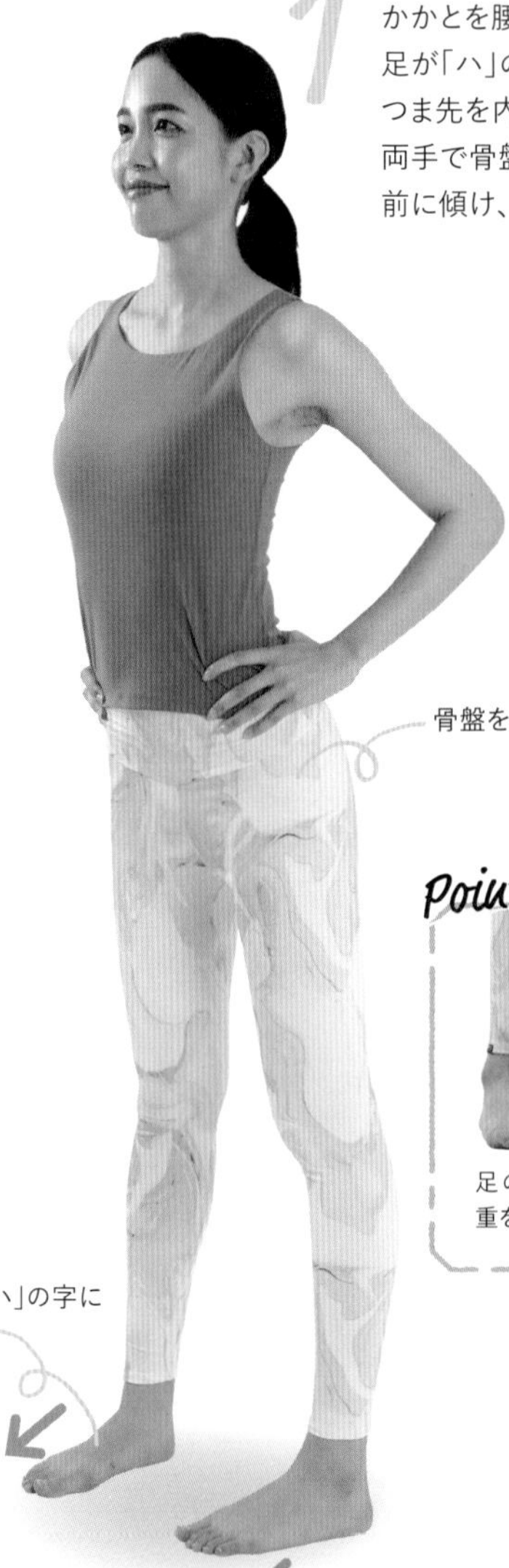

骨盤を前に傾ける。

足は「ハ」の字に開く。

Point

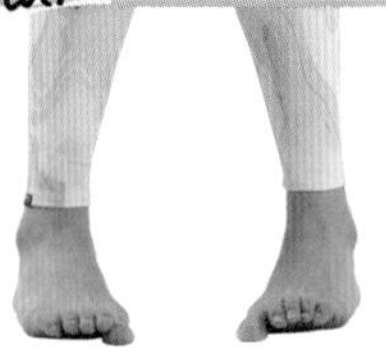

足の親指側(内側)に体重をかける。

動画はこちら!

6〜10回 × 3セット

(休息時間30秒)

鍛える部位

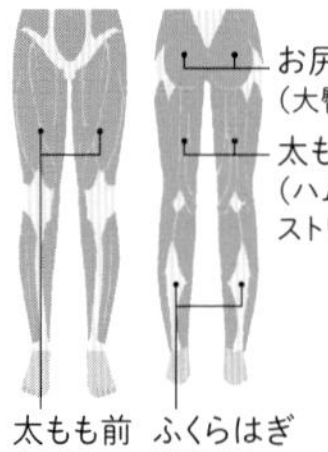

2

息を吸いながら3秒かけて
背中のカーブを保ったまま
ひざを90度まで曲げていく。
ひざとひざが触れたら
息を吐きながら2秒で立ち上がる。
体力に合わせて6〜10回繰り返す。

Point

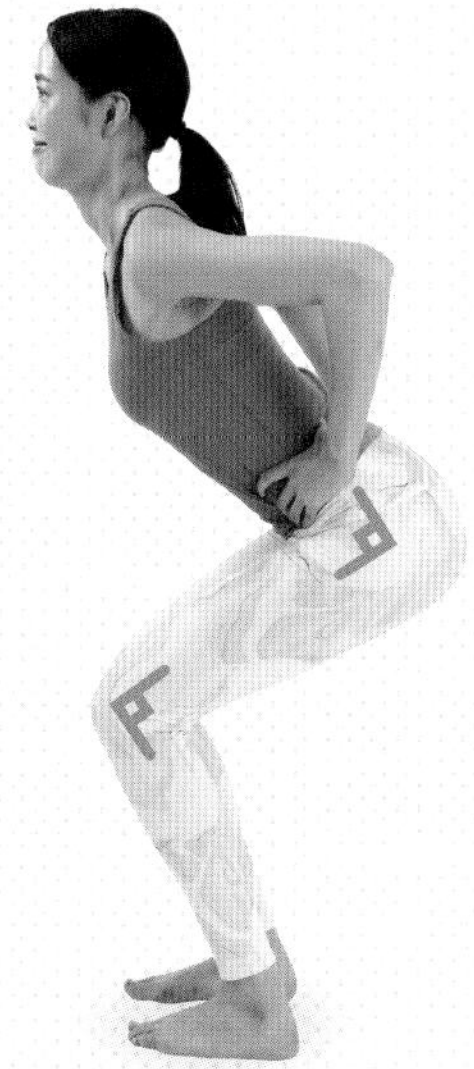

骨盤を前傾させたまま、ひざと股関節を90度まで曲げる。

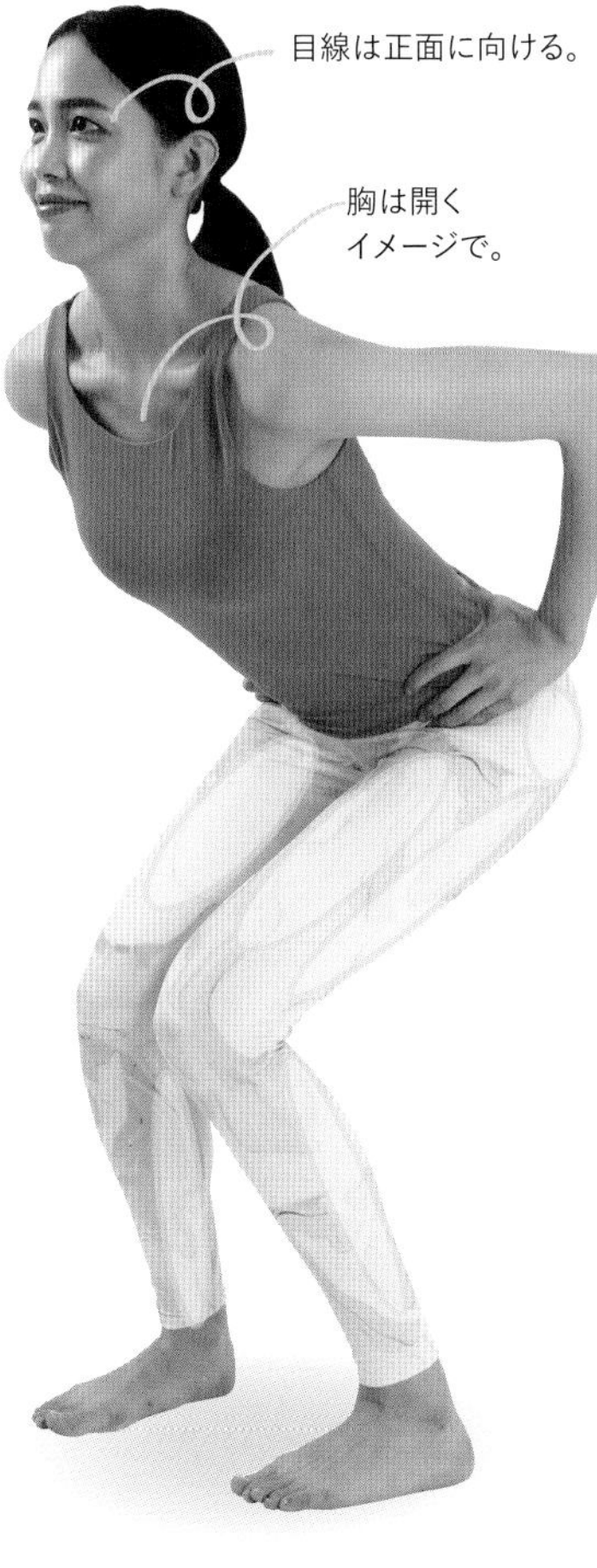

ウェイブ・ストレッチ

行う日
1日目
2日目
3日目
4日目
5日目
6日目
休み

おなかとお尻を同時に伸ばすことでおなかが凹み、バストとヒップの位置が上がった美しい姿勢に。その場で肩や腰の負担が和らぐのに加え、呼吸が深くなり、リラックス効果も。

1

安定した椅子に浅く座って
足を「ハ」の字にして手前に引く。
両手で背もたれの
下部をつかんだら
骨盤を立てて背すじを伸ばす。

Point

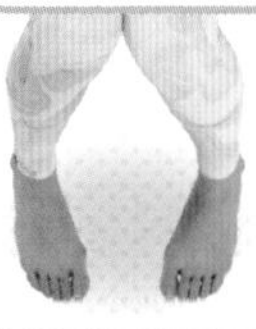

足を「ハ」の字にして、
内側に体重をかける。

動画はこちら!

10秒 × 3セット

伸ばす部位

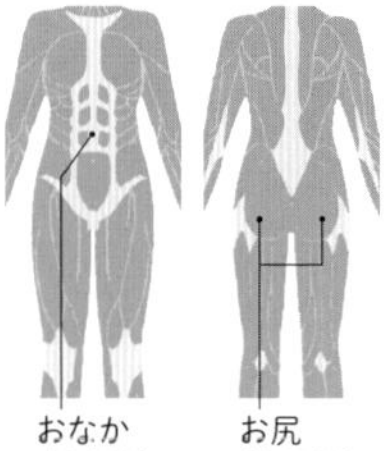

2

息を吐きながら
お尻を後ろに突き出し
胸を高く引き上げて
顔と目線を上に向ける。
おなかに張りを感じる位置で
楽に呼吸をしながら10秒キープ。

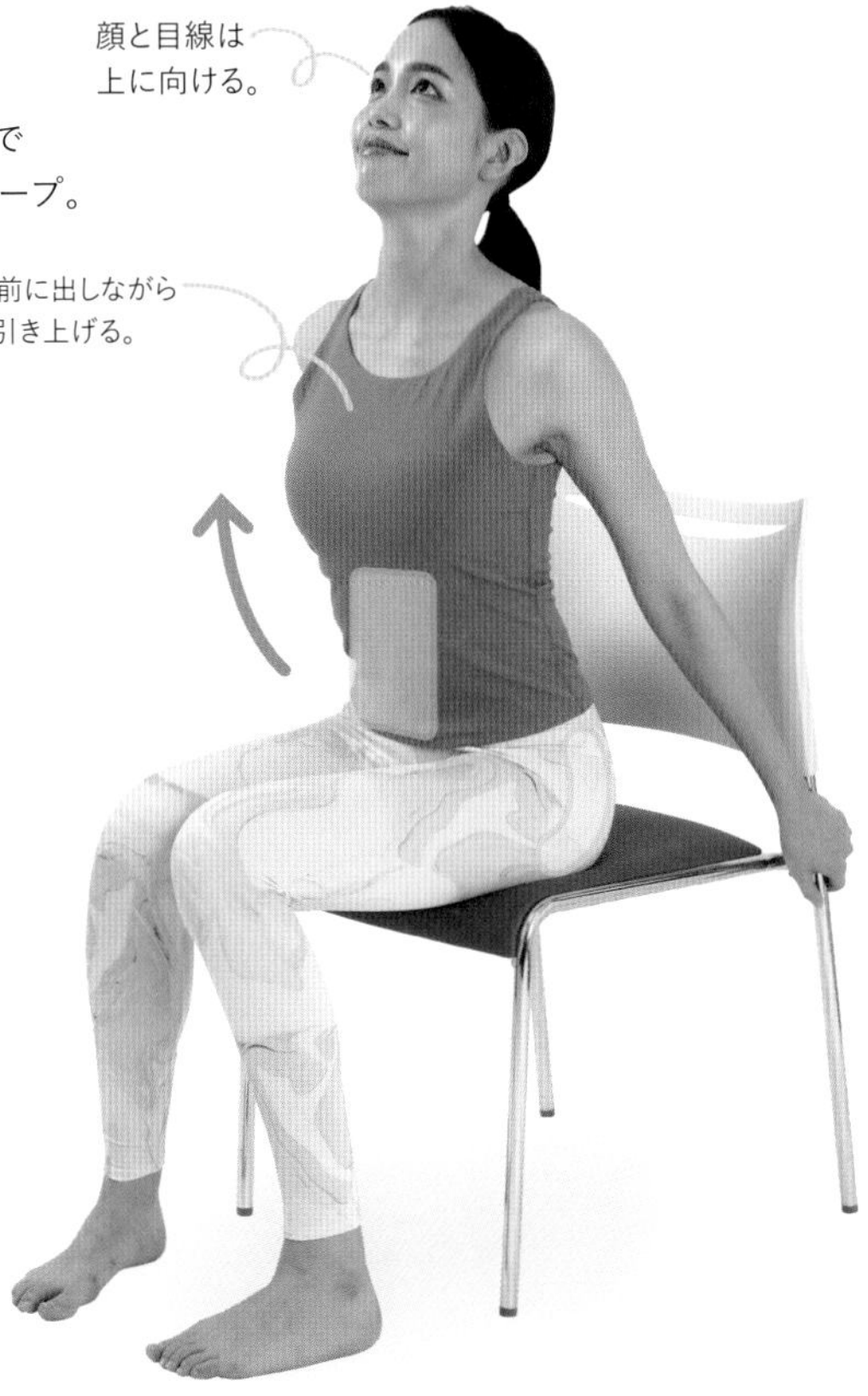

NG

骨盤を後ろに傾けて上体を反らすと
おなかが伸びない。

ウエイブ・スプリット・スクワット

行う日
1日目
2日目
3日目
4日目
5日目
6日目
休み

体の中で最も大きな太ももの前の筋肉をピンポイントで鍛えるエクササイズ。同時に正しい体の使い方が身につき、立ち姿も歩き姿も美しくなる。

1

両足を揃えてから
一方の足を半歩後ろに引いて
かかとを高く上げ
前の足に体重を乗せる。
両手で腰骨を持って
骨盤を前に傾け
背すじを伸ばす。

息を吸う

3秒

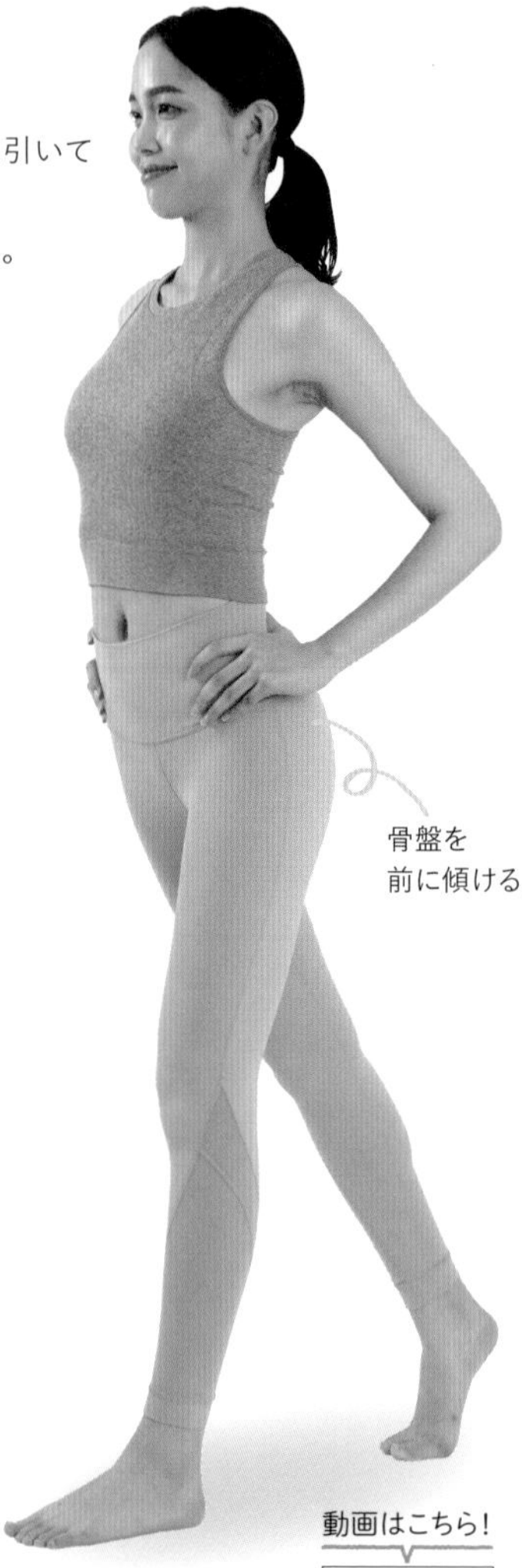

骨盤を前に傾ける。

Point

前足の親指側(内側)に体重を乗せ、ひざを正面に向ける。

左右各6〜10回 × 3セット

(休息時間30秒)

動画はこちら!

鍛える部位

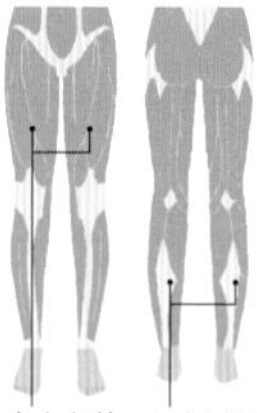

太もも前(大腿四頭筋)　ふくらはぎ(腓腹筋、ヒラメ筋)

2

息を吸いながら3秒かけて
背中のカーブを保ったまま
両ひざを曲げて体を沈める。
両ひざが直角に曲がったら
息を吐きながら
2秒で立ち上がる。
体力に合わせて
6～10回繰り返したら
左右の脚を
入れ替えて同様に行う。

息を
吐く
2秒

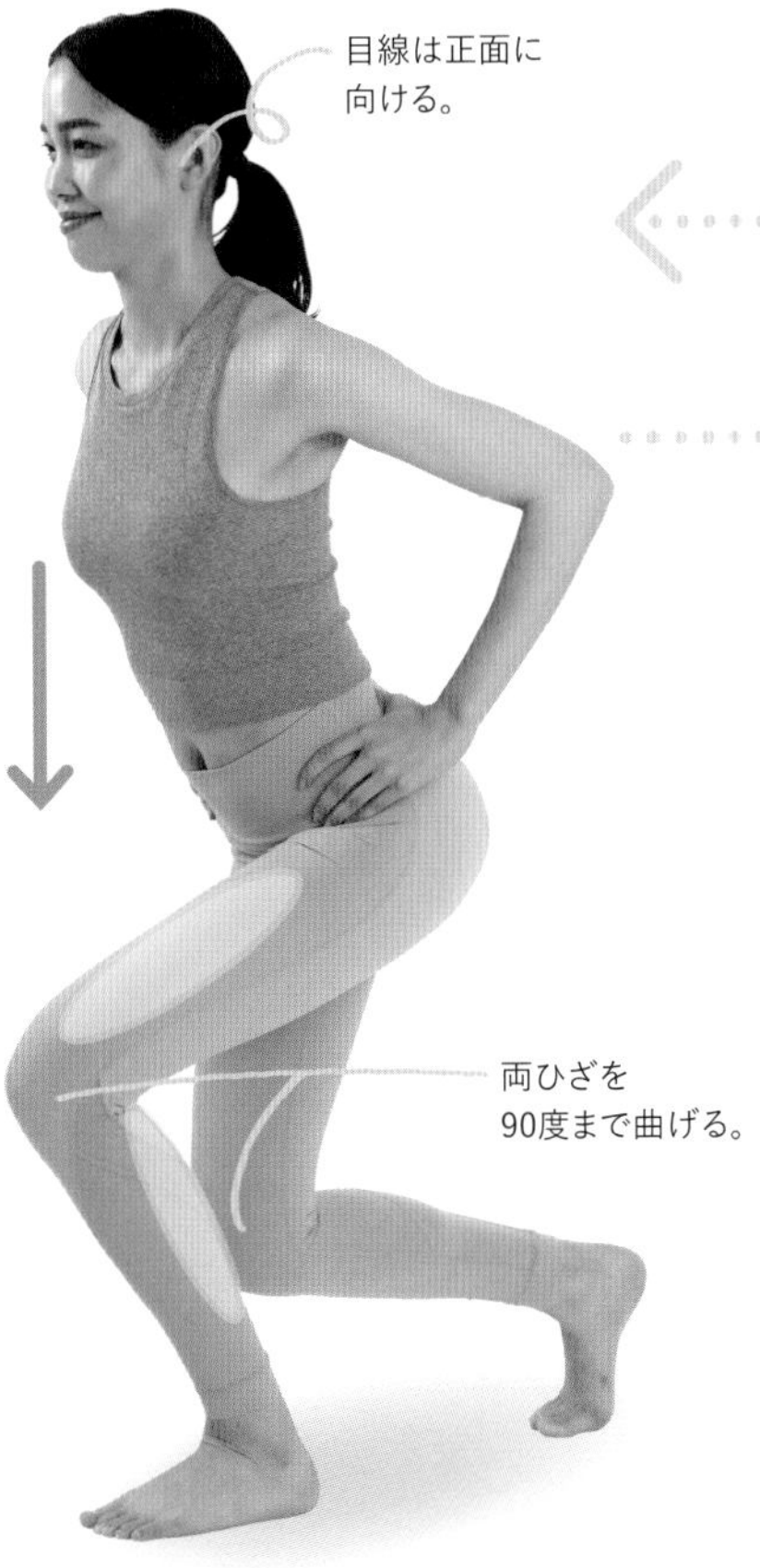

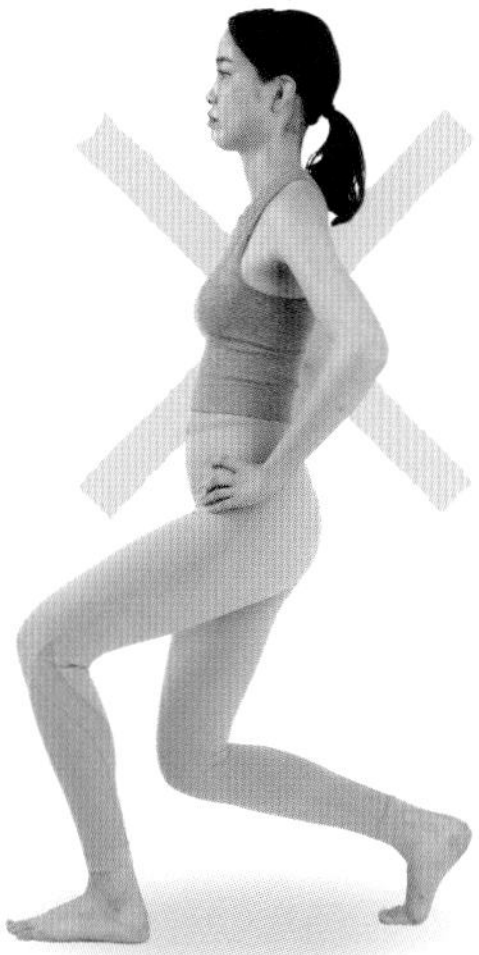

NG

骨盤が後ろに傾くと、前の脚にしっかり負荷をかけることができない。

ウェイブ・ベントオーバー・スクワット

行う日
1日目
2日目
3日目
4日目
5日目
6日目
休み

日常生活で使われにくい、お尻と太もも裏をしっかり鍛えるエクササイズ。正しく股関節を使えるようになるので、腰の負担が減って腰痛予防の効果もあり。

1

両足を揃えてから
一方の足を半歩
後ろに引いて
つま先を床に着ける。
両手で腰骨を持って
骨盤を前に傾け
背すじを伸ばす。

息を吸う
3秒

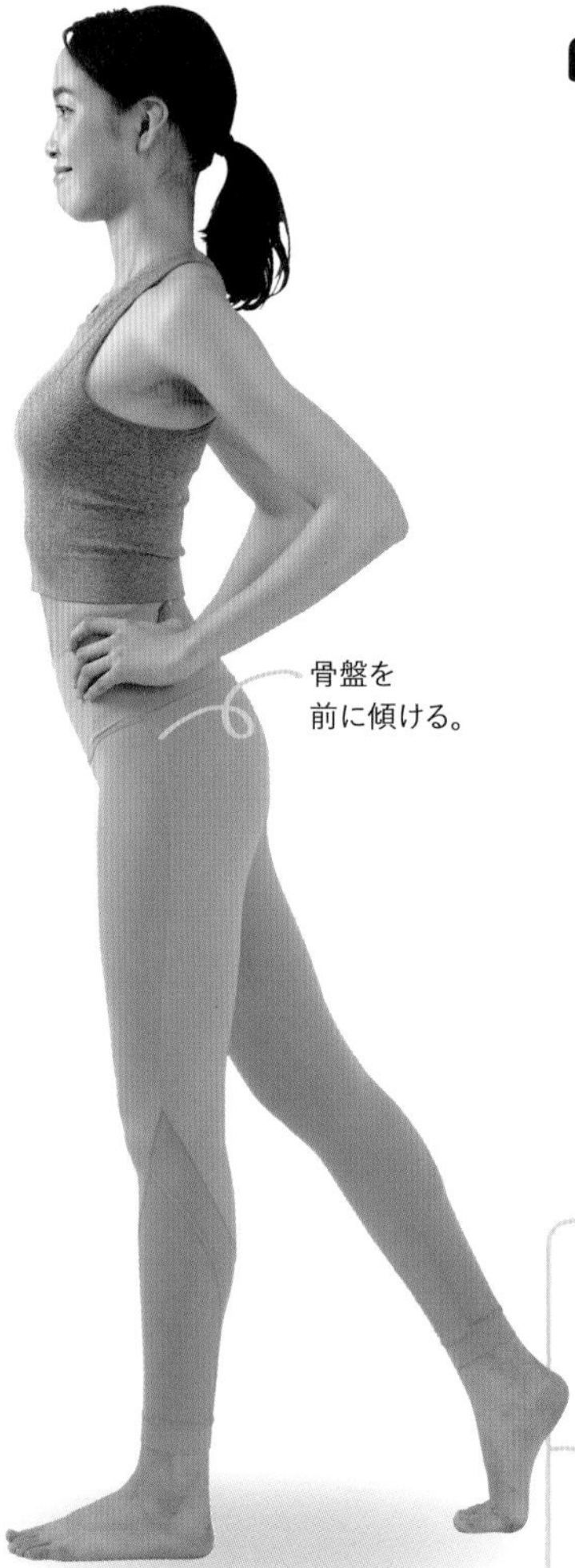

骨盤を
前に傾ける。

Point

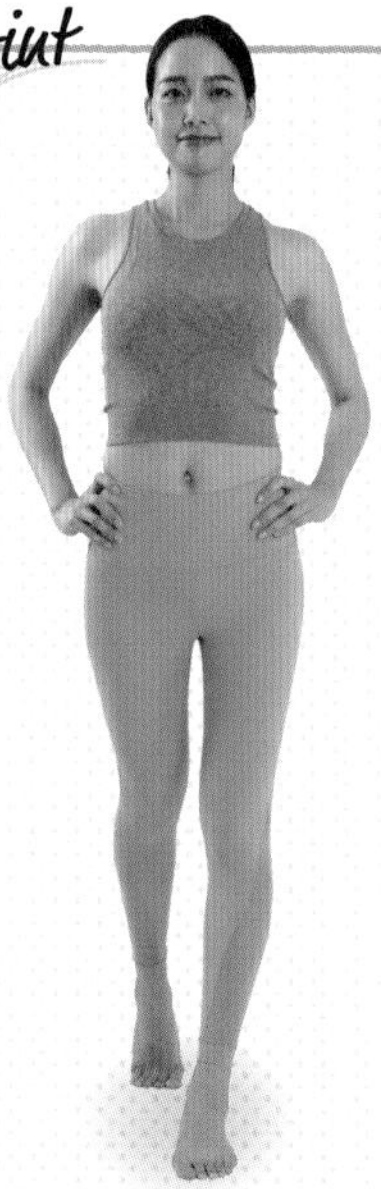

両足のつま先は正面に向け、足の小指側（外側）に体重を逃がさない。

動画はこちら！

左右各 6〜10回 × 3セット
（休息時間30秒）

鍛える部位

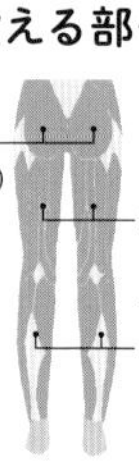

2

息を吸いながら3秒かけて
ひざを軽く曲げながら後ろの足が
浮く手前まで上体を前に傾ける。
前傾したら息を吐きながら1の体勢に戻る。
体力に合わせて6～10回繰り返したら
左右の脚を入れ替えて同様に行う。

息を
吐く
2秒

NG

背中が丸まり骨盤が後ろに傾くと、お尻と
太もも裏に負荷をかけることができない。

ウェイブ・ハム・ストレッチ

行う日
1日目
2日目
3日目
4日目
5日目
6日目
休み

お尻と太もも裏をしっかり伸ばすと骨盤が立ちやすくなるので、ヒップの位置が上がり、下腹を凹ませる効果もあり。首や肩のこりなど、デスクワークの疲労も軽減する。

1 床に座ってかかとを軽く開いてつま先をつけひざを軽く曲げる。太ももの裏で両手を組み背すじを伸ばす。

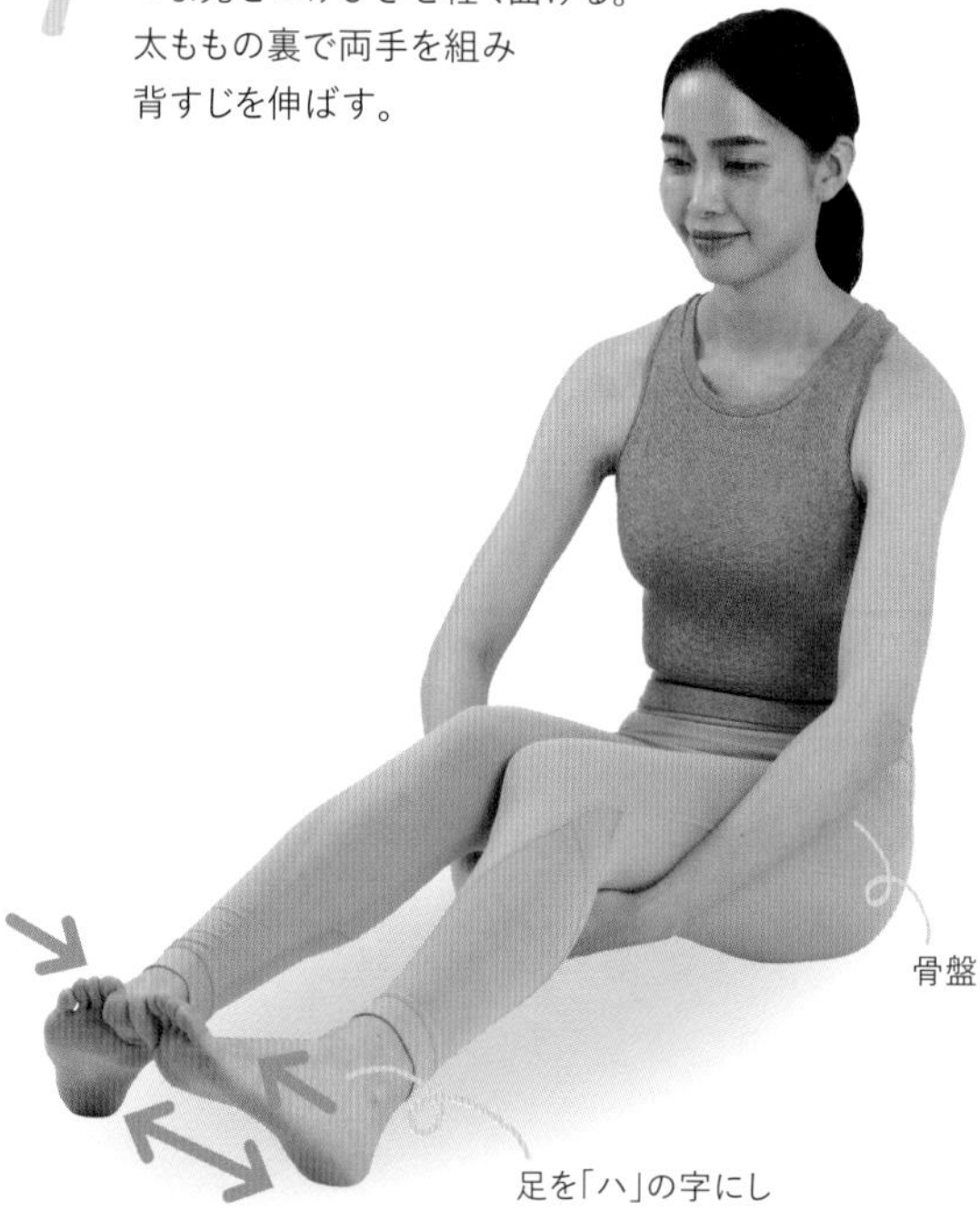

骨盤を立てる。

足を「ハ」の字にしつま先をつける。

Point

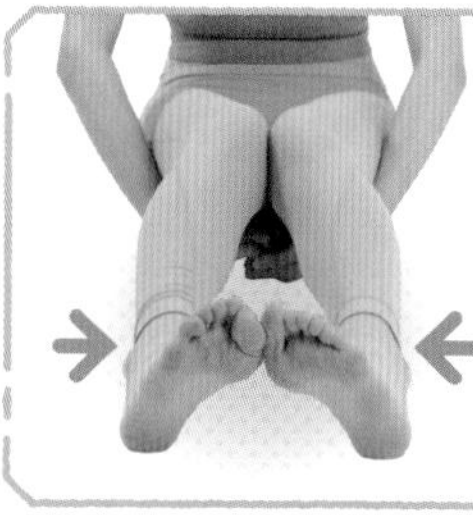

足は「ハ」の字になるイメージでつま先をつける。

動画はこちら!

10秒 × 3セット

伸ばす部位

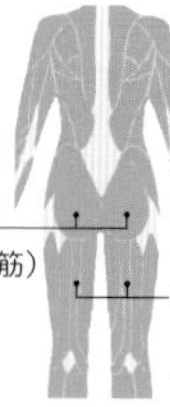

2

胸を張って目線を
正面に向けたまま前傾し
お尻と太もも裏に
張りを感じる位置で
楽に呼吸をしながら
10秒キープする。

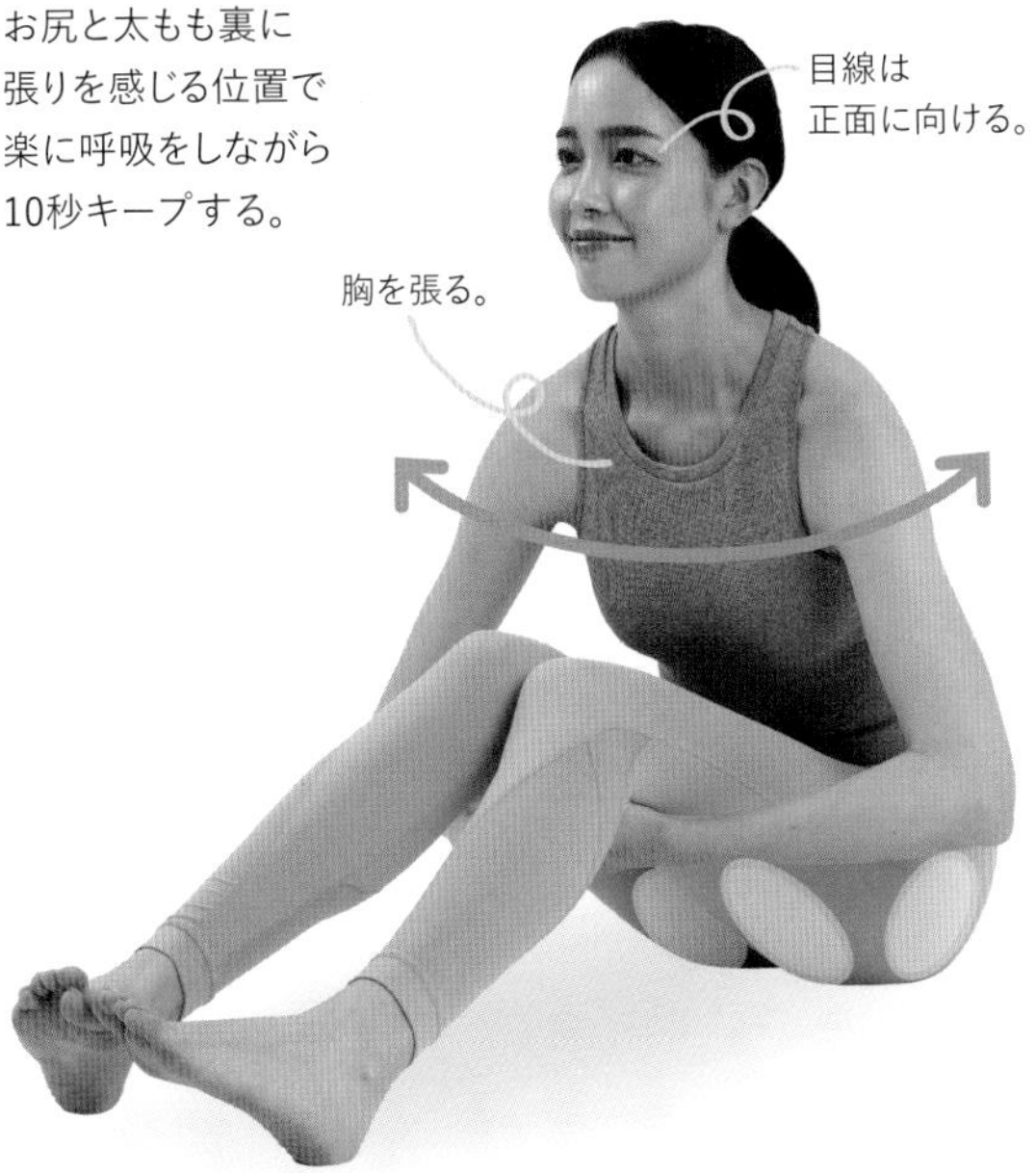

ウェイブ・アブ・ストレッチ

行う日
1日目
2日目
3日目
4日目
5日目
6日目
休み

おなかの筋肉を最大に伸ばすことができるストレッチ。バストの位置が上がるとともに、ウエストラインがスッキリするのに加え、呼吸も楽になり、腸の動きもよくなる。

1
床に座り、指先を前方に向けて両手を後方に置く。
背すじを伸ばしてひざを直角に曲げる。
かかとを軽く開いて足を「ハ」の字にする。

ひざを90度に曲げる。

背すじを伸ばす。

10秒 × 3セット

伸ばす部位

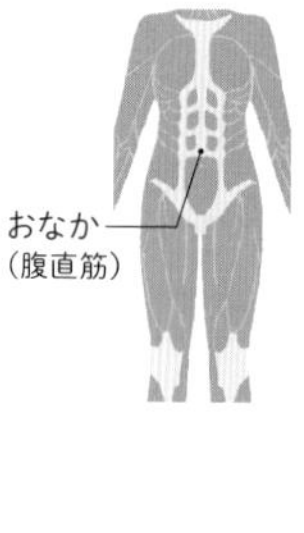

Point

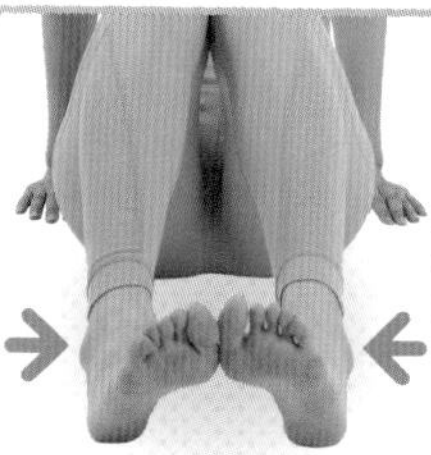

足は「ハ」の字になるイメージでつま先をつける。

動画はこちら!

2

ひじを伸ばしながら上体を反らせ
おなかに張りを感じる位置で
楽に呼吸をしながら10秒キープする。

NG

お尻が床から浮いてしまうと、
体に力が入っておなかを伸
ばしにくくなる。

立ち方、座り方にも気をつけて 日常生活でさらにキレイになる！

立ち方

日常生活での姿勢にも気を配ることで、ボディメイクは加速化。姿勢は下から順番に意識して修正することが大切。①～⑦の順に一つずつ意識しながら修正していく。

体を老けさせる間違った立ち方

横

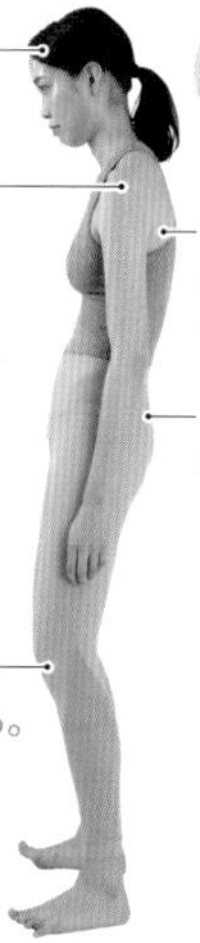

頭と肩が前に出る。
➡首や肩に負担がかかる。

背中全体が丸まる。
➡胸の位置が下がり、背が縮む。

骨盤が後ろに倒れる。
➡下腹が前に出て、お尻の位置が下がる。

ひざが曲がる。
➡脚が短くなる。

正面

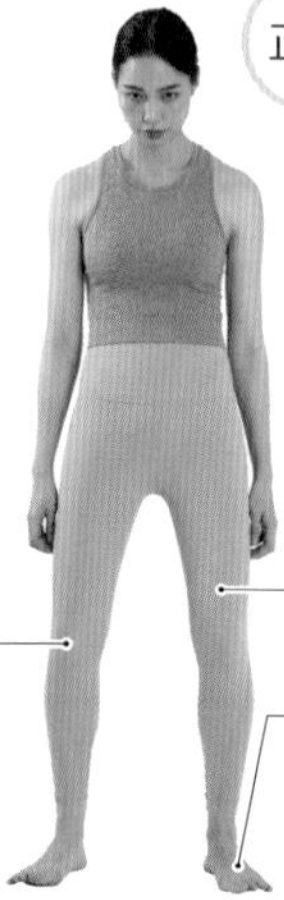

足の小指側（外側）に体重がかかる。
➡ひざを痛めやすい。

ひざが外側を向く。
➡脚が太く見える。

足幅が広く、つま先が外に開く。
➡足首を痛めやすく、つまずきやすい。

キレイになる正しい立ち方

横

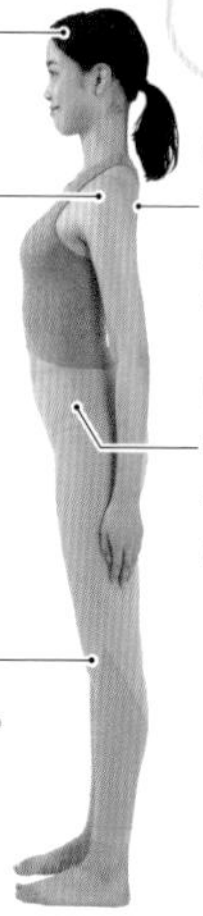

7
頭と肩を後方に引く。
➡首や肩の負担が減る。

6
背すじを伸ばす。
➡胸の位置が上がり、背が高くなる。

5
骨盤を立てる。
➡下腹が凹み、お尻の位置が上がる。

4
ひざを伸ばす。
➡脚が長くなる。

正面

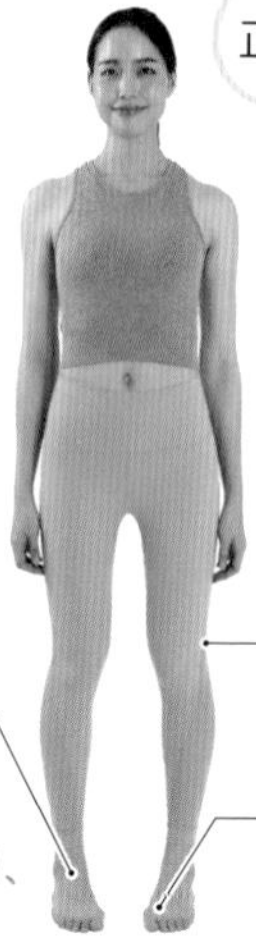

1
足幅を狭くし、足の人差し指を正面に向ける。
➡足首の負担が減り、正しく歩ける。

3
ひざを正面に向ける。
➡脚がスッキリして見える。

2
足の親指側（内側）を意識して立つ。
➡ひざの負担が減る。

座り方

1日の中で一番長いのは座っている時間。できるだけ座る時間を短くするとともに、座り方も立ち方同様、①〜⑦の順に下から少しずつ修正していく。

体を老けさせる間違った座り方

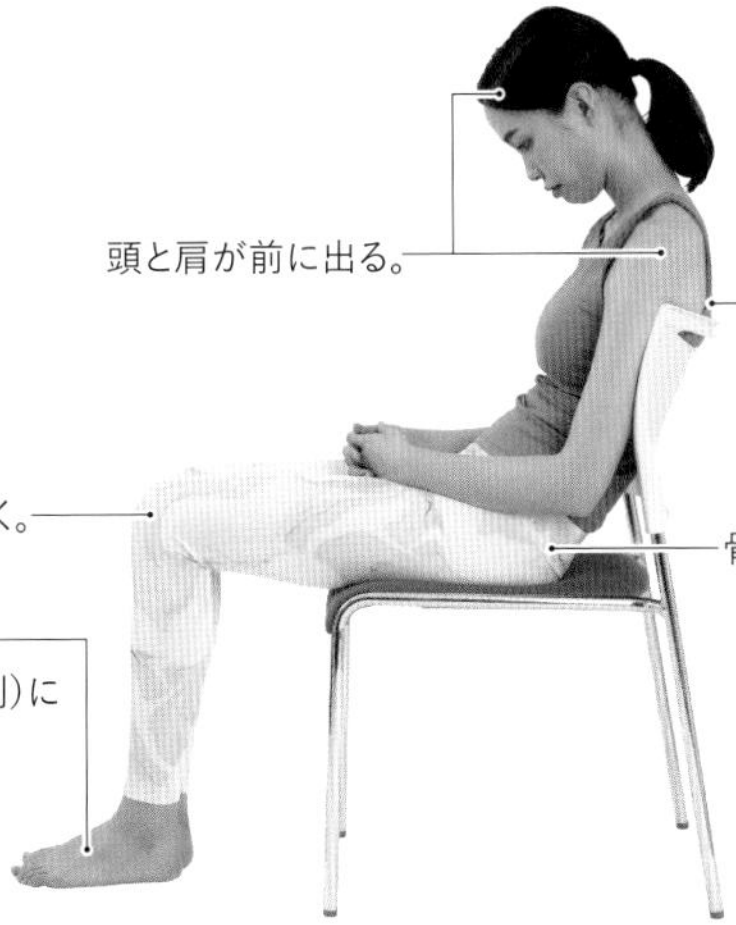

キレイになる正しい座り方

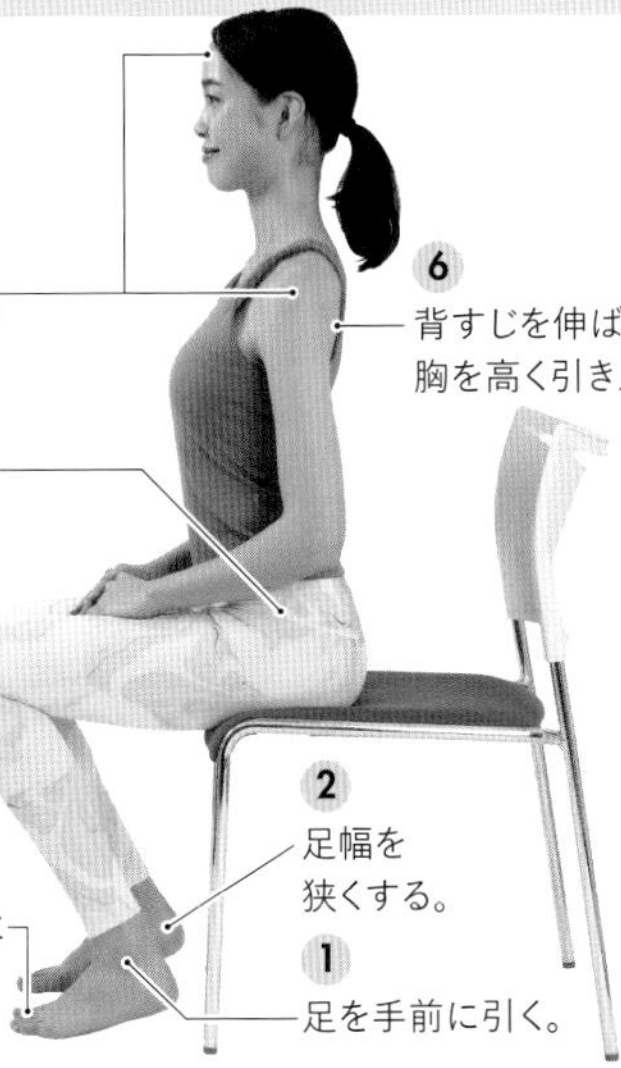

注意！

あぐらなどで床に座るとひざが外側に開いて骨盤が後傾し、背中が丸まるので極力椅子かソファに座る。

column

ダイエット成功の秘訣は最初の目標設定にあり

ダイエットを思い立っては挫折を繰り返す……そんな人には、二つの傾向があります。一つは目標が漠然としていること。ただなんとなく「やせたい」というだけでは、モチベーションは長続きしません。「今年の夏はやせてネットショップで見た可愛い水着を着たい」「好きな人にアプローチするために今より3kgやせたい」「10年前のように28インチのジーンズを履きこなしたい」。こうした具体的な目標を立てるとやる気が高まり、持続します。

もう一つの傾向は、目標数値の設定が現実的ではないことです。体重でいうと、減量目標は1週間で体重の0.5〜1％程度が妥当。1か月で考えると2〜4％程度が適正です。これを超える減量目標を立てると、数値に届かなかったときにすぐに放り投げたり、仮に目標通りに減量できたとしても筋肉が減ってリバウンドを起こしやすくなります。何より無理な目標設定をすると食事を過度に節制するケース多く、心身にストレスがかかって挫折しやすいのです。ダイエットを始める前には、必ず目標の見直しを。

PART 5

体の中からキレイにやせる究極の食事術

女子のスクワットの効果を加速させるのが食事。
苦しい食事制限は必要ありません。
美しくやせる食事術で最短で最大の効果を狙います。

Improve one's diet

油抜き、糖質抜きの食事制限がトレーニング効果を台無しにする

姿勢の改善と筋トレのダブル効果で、太りにくい体質と健やかな美しさは手に入ります。そして、トレーニング効果をさらに加速させるのが食事。摂取エネルギーが消費エネルギーより少なければ、代わりに体脂肪をエネルギーとして使用するからです。ただし、やみくもに食事を減らせばいいわけではありません。脂質や糖質を極端に減らすのは、むしろ健康や美しさを損ねることに繋がります。

脂質は、細胞膜や女性ホルモンの材料になる大切な栄養素です。脂質不足により女性ホルモンの分泌量が減ると、肌荒れや月経不順、骨密度の低下、自律神経の乱れを引き起こす原因に。また老化防止作用が期待できる脂溶性ビタミンのA、D、E、Kは、脂質と一緒に摂ることで効果的に吸収できます。

糖質を極端に減らすと筋肉や肝臓に貯蔵されている糖質が枯渇。その結果、血糖値を上げるためにコルチゾールというホルモンが筋肉を分解し、糖へと変換してしまいます。これでは筋トレをしても筋肉は増えません。また脳を構成する神経細胞

の主なエネルギー源は糖質が分解されたブドウ糖なので、メンタルヘルスや認知機能にも悪い影響を与え、イライラしたりケアレスミスが起こりやすくなります。間違った食事制限はせっかくのトレーニング効果を台無しにして、健康と美を損なわせてしまうことを肝に銘じてください。

**油や糖質を過度に制限すると
むしろ逆効果に!**

Improve one's diet

『たんぱく質』がダイエットには超重要

次々とネットやテレビなどで紹介されるダイエット法に目を奪われ、いつの間にか大事な基本がないがしろにされている場合があります。小学校の家庭科の授業で習った通り、食事の基本は「エネルギーになるもの＝炭水化物」「体をつくるもの＝たんぱく質」「体の調子を整えるもの＝ビタミン・ミネラル」を、バランスよく摂ることです。もう一度、この基本の考え方に立ち戻ってみてください。

特にトレーニングをする場合、たんぱく質は重要。**いくら筋トレをしても、材料となるたんぱく質がなければ筋肉を養うことはできません。**朝、昼、晩の食事では主菜を摂るのがマスト。たんぱく質を多く含む食材は肉、魚、卵、大豆製品などです。例えば、朝食では卵と納豆、昼食や夕食では肉か魚の主菜をメニューに取り入れるようにしましょう。1日に摂るべきたんぱく質の量は、「手ばかり栄養法」が参考になります。両手の手のひらに肉、魚、卵、大豆製品を一度に載せた量が3食分の目安。肉や魚の厚さは、手のひらの厚みと考えてください。

もし選択肢がある場合は、肉料理より魚料理を選びましょう。魚の油には「オメガ3」という脂肪酸が豊富。これは血流改善や炎症の抑制、精神の安定、脂肪燃焼を促すといった様々な作用が期待できる良質な油です。外食でもコンビニのお弁当でも魚のおかずを目にしたときは、迷わず手に取ることをおすすめします。

Improve one's diet

1日の食事を4回に分けるのが究極にやせる食べ方

食事を減らすことは誰にとっても大きなストレス。「減らされた感」「奪われた感」を痛感するほど、満たされないという心理的欲求が高まります。これを防ぐために有効な方法の一つが、１日の食事回数を増やすことです。

１日の食事のタイミングを振り返ってみてください。多くの人は朝6〜7時に朝食を済ませ、昼食は12〜13時のタイミングで食べているはず。この場合、6時間以内に次の食事を口にできます。では、昼食から夕食までの時間はどうでしょうか。帰宅して夕食を食べるのは19時以降、20時、21時になる人も珍しくなく、食事まで6時間以上空いてしまいます。食事の合間が長いほど血糖値は下がり、空腹感が増すと同時に筋肉が分解されやすくなります。この状態で一気に食事を摂ると、今度は血糖値が急上昇して、体脂肪が合成されやすくなってしまうのです。

そこで**おすすめしたいのが、昼食から夕食までの間、16時くらいのタイミングで間食を摂ること**です。もちろん、3食以外の食べ物をプラスするのではなく、昼のお弁当を少し残してこの時間帯に食べる、あるいは夕食の主食分でおにぎりを1個つくり、先に食べるという意味です。食事と食事の間隔が空き過ぎないように、1日3食を4回に分けて食べる。これだけで血糖値の乱高下と筋肉の分解、空腹による心理的欲求の高まりを防ぐことができるのです。

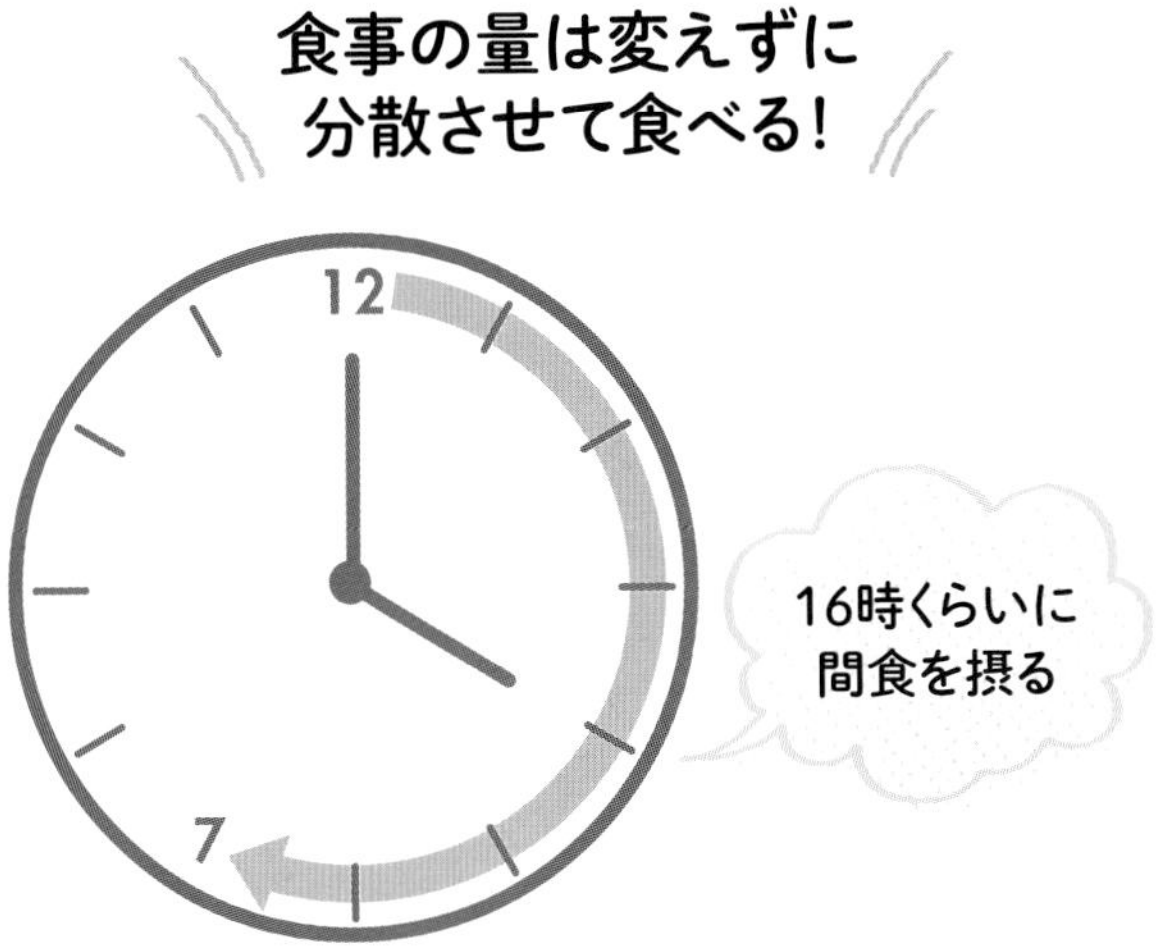

食べ過ぎが起こる原因の一つは、長い空腹時間。特に昼食と夕食は時間が空き、血糖値が下がり食欲が増しやすくなります。1日の食事を4分割にして食べ、血糖値を安定させると無駄な食欲を抑えられて食べ過ぎ防止に繋がります。

Improve one's diet

スーパーやコンビニで間食を買うなら高たんぱく質商品を！

先ほど「昼食を少し残して後で食べる」といいましたが、お弁当ではなく外食の場合だと難しいですよね。そんなときは昼食を軽めにして、16時前後にたんぱく質が豊富な間食を摂りましょう。１日に必要なたんぱく質は、体重１kgにつき１・２gが目安、仮に体重60kgなら72gです。肉や魚１００gに含まれるたんぱく質は約20gなので、昼と夜で肉や魚を１５０gずつ摂ったとすると、たんぱく質の量は計約60g。これに朝食の卵と納豆をプラスすれば、１日分をカバーできます。

昼食、もしくは夕食を軽めにして間食を摂るとき、10～15g程度のたんぱく質が含まれている食品を選ぶようにしましょう。おすすめはプロテインバー、ギリシャヨーグルト、プロテインドリンクなどです。これらは余分なカロリーを摂らずにたんぱく質を補給できるのが利点。ただし、こうした食品を一度に何個も食べたからといって、１日分のたんぱく質はカバーできません。というのは、摂った分だけ速やかに消化・吸収される糖質と異なり、たんぱく質の消化・吸収には時間がかかるからです。女性なら一度に吸収できる上限は30g程度。それ以上摂っても消化器に負担をかけるだけなので、あくまで間食のアイテムとして利用してください。

大切なのは、血液中にいつも筋肉の材料をチャージしておくこと。筋肉の分解を防ぐために、賢く間食を取り入れましょう。

間食におすすめの商品はコレ！

イオン株式会社
トップバリュ
プロテイン 15g
バーチョコ

株式会社 明治
ザバス MILK PROTEIN
脂肪0 ヨーグルトドリンク
甘さひかえめ 200g

ダノンジャパン 株式会社
ダノンオイコス 脂肪0
プレーン・砂糖不使用

※商品のパッケージデザインは変わる可能性があります。

Improve one's diet

1日2ℓ程度の水分を摂る！コーヒー、緑茶、酒類はカウントしない

私たちの体は成人の場合、約6割を水分が占めています。その証拠に、水さえ口にしていれば10日間ぐらい生きられますが、水がないと3日ほどで命を落としてしまいます。その意味で、どんな栄養素より体が必要とする成分といえます。よく「水を飲んでも太る」という女性がいますが、水分は必要以上に体に取り込めません。塩分の摂り過ぎでむくむ可能性はあっても、水で太ることは決してないのです。むしろ、**しっかり水分を補給することがダイエットを成功へと導いてくれます。**

例えば、食事どき以外に空腹を感じたら、まず一度水を飲んでみてください。水分への欲求を食欲と勘違いしている場合があるので、水を飲んだら落ち着き、欲していたのは食べ物ではなく実は水分だったと気づくことが多いはず。また、水分が不足すると血液の粘性が高まって血流が滞りがちに。血管は皮膚や筋肉の細胞間にも張り巡らされているので、肌や筋肉の張りが失われることにもなります。

1日に摂る水分量の目安は約2ℓ。水だけではなく、スープや味噌汁なども活用

しましょう。スープ＋コップ１杯の水で、１食あたり５００㎖程度の水分が確保できます。ただし、カフェインが含まれているコーヒーや緑茶には利尿作用があるので、摂った分だけ出て行くと考えてください。アルコールもまた然り。おすすめは、気泡で胃を満たしてくれるスパークリングウォーター（無糖の炭酸水）です。

水分補給になる飲み物

ノンカロリーやノンカフェイン、ノンアルコールの
飲み物を積極的に摂取しましょう。

水分補給にならない飲み物

水分の排出が促進されるアルコールや
カフェイン入りのものは避けましょう。

Improve one's diet

きのこ、海藻類などの食物繊維でやせ効果をアップ

糖質、たんぱく質、脂質、ビタミン・ミネラル。これらは、生命活動を営むのに必要不可欠な栄養素。でも、これ以外で**ダイエットにぜひ取り入れて欲しいのが、第六の栄養素といわれる食物繊維です。**食物繊維を豊富に含むきのこ、海藻、こんにゃくなどは、副菜として積極的に取り入れたい食材です。

第一の理由は、低カロリーなのに満腹感を得られること。人は食物繊維を消化・吸収する酵素を持っていないので、水を含んで膨らんだ食物繊維が消化器を移動することで満腹感が得られます。また、食物繊維は水に溶ける水溶性と溶けない不溶性の2種類があり、海藻に多い水溶性食物繊維はコレステロールを排出するとともに、血糖値の上昇を抑えます。きのこやこんにゃくなどに含まれる不溶性食物繊維は便のかさを増し、便秘改善の効果が期待できます。さらに最近の研究では、食物繊維が腸の善玉菌のエサとなって腸内環境を整えたり、脂肪を燃焼させたりする様々な健康効果をもたらす物質をつくり出すこともわかっています。

ちなみに、**「難消化性デキストリン」という水溶性食物繊維を含む飲料が最近話題ですが、食材に含まれる食物繊維の方がコレステロールの排出や便通を促す効果は高いと考えられます。**なにより、「噛む」行為によって食事の充足感を得られるのが最大のメリット。食物繊維は食品から摂り入れるのがベターです。

Improve one's diet

『糖質』ではなく『糖類』を減らす

糖質制限ダイエットは急激に体重が落ちますが、体脂肪が減るからではありません。糖質を筋肉や肝臓に溜めるとき、3倍の水分を伴います。糖質1gにつき3gの水分が必要ということです。体内の糖質が減れば、それに伴う水分が減るので当然体重が落ちる。それでダイエットが成功したと誤解されがちなのです。

ところが、血糖値が下がり過ぎると、肉や野菜をいくら食べても脳のエネルギー不足が続き、糖質への心理的欲求がかえって高まります。加えて、**血糖値が下がってコルチゾールが分泌され続けると、筋肉が減り基礎代謝が下がります。この二つの条件が重なると、待っているのはリバウンド。**代謝の下がった太りやすい体質に変わり、反動で食欲の抑制が利かなくなってしまうからです。

確かに糖質の摂り過ぎは血糖値を上昇させて体脂肪の合成を促します。ただし、その仕組みが顕著なのは、糖質の中でも「糖類」と呼ばれるもの。糖質の代表格は穀類などに含まれるでんぷん、対して糖類は「砂糖」や「果糖」などです。後者の